本书系2018年度上海市哲学社会科学规划课题"上海实施乡村振兴战略与农村宅基地三权分置法律制度研究（项目编号：2018BFX003）的研究成果

乡村振兴与宅基地三权分置法律问题研究

——以土地开发权为视角

孙建伟　著

上海三联书店

序　一

沈国明

　　1993 年宪法修正案规定："国家实行社会主义市场经济。"确立了改革开放的目标模式和价值取向。在此之前，改革开放近 15 年，虽然没有明确提出社会主义市场经济的概念，但是市场因素在不断增加。在市场经济的大潮冲击下，传统的计划经济体制日趋衰微，渐渐地退出历史舞台。在由计划经济向市场经济转换的过程中，产生了一些以前似乎根本不是问题的问题，最突出的问题是财产权问题。在全民所有制企业改制时，所有权与使用权分离的理论发挥了极大作用，较好地解释了国家作为所有人与企业作为经营者之间的关系，解决了企业提高效率、释放能量的难题。在实现土地价值，解决城市更新改造的资金方面，所有权与使用权分离的理论，让土地作为生产要素的作用得以充分发挥。"生活之树常绿，而理论往往是灰色的"。近年来试图沿用所有权、使用权两权分离的理论来解决宅基地问题时，既有的理论显得不够用了，于是，有了进行宅基地三权分置试点和相关理论探索。本书是这方面理论探索的一项成果。

本书作者孙建伟多年前开始从事农村土地问题研究，曾就集体土地所有权和使用权的实现出版过相关著作，产生过一定社会影响。至今，他对农村土地问题仍然抱有极大的热忱，锲而不舍，执着钻研。他的主业是编辑工作，他担任《东方法学》编辑部主任、副主编，工作繁忙。近几年，这本杂志在业内影响力提升很快，他功不可没。有一阶段，为编辑《上海法学研究》集刊，他日夜连轴转，导致用眼过度眼睛受伤，经过较长时间才得以康复。最近，《上海法学研究》被南京大学中国社会科学评价中心收录进 C 刊集刊序列，这也算是对他辛勤工作的一个回报。前几年，孙建伟进入上海交通大学凯原法学院博士后流动站工作，在站期间，他以农村宅基地为选题，深入实际开展调查研究，阅读和钻研大量文献资料，力求回应现实中的一些问题，最后，用两年时间潜心写作，形成此书颇不容易。

宅基地近年来日益受到重视。宅基地三权分置所说的三权，是指宅基地所有权、资格权和使用权。在宅基地三权分置问题中，争议点主要集中在宅基地三权分置的权利性质、宅基地三权分置的权利构造模式上。

党的十九大以来，国家推行乡村振兴战略，该战略的总要求是：产业兴旺、生态宜居、乡风文明、治理有效、生活富裕。要让农业成为有奔头的产业，让农民成为有吸引力的职业，让农村成为安居乐业的美丽家园。要达到这些要求，势必牵涉宅基地问题。发展现代农业，实现土地要素的价值，必须集约利用土地，制定乡村规划也会涉及宅基地问题。提高农民生活质量，走乡村绿色发展之路，通过人居环境治理，实现人与自然和谐共生，也涉及宅基地问题。宅基地问题几乎与乡村振兴战略各项要求息息相关。但是，每块宅基地均有各自的历史，围绕宅基地的社会关系极为复杂，处理好与宅基地相关的问题，具有很强的政策性，几乎每一个现实中的问题，都是法律问题。为此，实现农村经济建设、政治建设、文化建设、社会建设、生态文明建设统筹发展，必须建立健全与乡村振兴目标相适应的法律制度，而在实践中遇到的不少问题，则缺乏成熟的法学理论加以解释。

目前在宅基地置换方面，亟需研究的法律问题主要有：宅基地置换的法律依据；土地指标的法律性质；土地指标与宅基地三权分置的关系；土地指标的体系定位等。我认为，本书的贡献是，在全面总结上海市宅基地三权分置改革经验的基础上，运用多种研究方法对上述几个问题进行了研究，提出了自己的看法。

农村承包地实行过三权分置，但是，宅基地三权分置与农村承包地三权分置具有较大差异。宅基地的所有权，事实上是一种基于个人与集体之间特殊财产关系上的总有关系，这种所谓的总有关系其权利构造也有特殊性。宅基地上的总有关系现状表明，成员和集体之间所具有的"伙伴性"并不健全。宅基地所有权和使用权主体资格的获取往往先于成员权；宅基地所有权的处分，缺乏体现集体财产权的民主决策程序或机制；根据身份资格拥有的宅基地使用权，随着宅基地制度改革衍生出了变异的财产权，包括宅基地开发权和发展权。相比之下，农村承包地实行三权分置的法律关系相对简单。目

前，一些地方已经颁发"三权分置登记证"，这意味着
宅基地使用权市场化日渐变为现实，而且，一些地方来
自宅基地置换和农村建设用地整理后结余的土地指标已
经列入开发容量。这意味着，实践走到了前面，基础性
问题的研究已经日显紧迫。宅基地三权分置的实践需要
明确的法律加以规范和引导，而立法必须以坚实的理论
作为支撑，以回应现实需求。

　　本书的一个显著特点是，将资格权放在我国农村集
体特殊总有的关系中进行分析和论证。明确资格权主要
来源于集体共同体与集体成员的总有关系，这种集体成
员资格权，既具有成员权等身份权要素，也具有财产权
要素，在宅基地方面这种权利表现在分配、使用、交易
以及收回或处分等各个阶段。这种资格权还具备身份性
或居住保障性的色彩。明确资格权的法律地位，是推进
宅基地三权分置的重要前提。

　　现实生活中，宅基地取得和流转是广受关注的问
题。宅基地使用权原则上直接源于资格权，集体成员获
得宅基地是基于身份资格，而在流转阶段，受让人则是
依据民事契约获取有期限的宅基地使用权。依据民事契
约获取宅基地的做法，比较接近宅基地市场化。这两种

获得方式，获得者的安全感不尽相同，通过市场取得宅基地使用权的，似有效保护尚嫌不足。一个重要的原因是，在农村社会保障水平较低的现阶段，对此种取得宅基地的做法一直存在不同意见。在没有明确得到法律保护的情况下，这种财产关系并不稳固，这也是要求国家制定宅基地流转法律呼声较高的原因之一。

本书对宅基地使用权的法律性质进行了研究。作者提出，宅基地使用权是不完全意义上的地上权，具有有限的土地租赁权或法定租赁权内涵。作者将宅基地使用权作了区分，分成集体成员根据其集体成员的资格所享有的宅基地使用权，以及集体成员和非集体成员等根据其与集体成员所达成的民事契约等法律事实所产生的使用权。宅基地"三权分置"中的使用权，主要指的是他人通过民事契约等法律事实所获取的使用权，而不是指宅基地成员依据其身份资格获取的使用权，因为集体成员依据其身份资格所获取的宅基地使用权天然地被包括在资格权中。为此，作者认为，应当重新设计两项全新的权利即资格权与使用权。资格权就是集体成员依据其成员的身份资格获取的宅基地使用权。法律关系的不同性质，决定了宅基地权利的设置期限也不同。依据集体成员资格获取的宅基地使用权是永久性的，而通过民事契约等法律行为转让获得的使用权，可以定性为用益物权，但应当办理不动产登记手续；也可以定义为租赁权，至于租赁年限，应当根据宅基地使用权具体用途和土地使用性质来确定。

对于宅基地全面市场化问题，作者的态度是很慎重的。书中提出，宅基地流转的前提是保障农村集体成员的居住权，他主张通过租赁、抵押、入股等方式，将剩余的闲置宅基地及房屋使用权上市流转。我认为，这在当下是较为可行的做法。

土地指标是宅基地改革中的另一项制度，衍生出了土地开发权和土地发展权两项新型权利。宅基地置换使地方政府对农村宅基地与耕地加以集约利用，获得了建设用地指标。获得建设用地指标势必带来土地开发权和土地发展权。作者认为，宅基地土地开发权产生的收益应当作为一项独立的、新型的财产权收益对待，如何分配才合理，需要法律上予以规制，这样的观点有很强的针对性。

作者花了较大篇幅研究了在土地开发权问题上土地产权人与公共权力的关系，分析了土地开发权的权利属性。在土地变性和交易中衍生出来的土地开发权，是一种用益物权，但又具有不同于传统用益物权的独特属性，是一种使用收益权。土地开发权是受土地用途管制的，公权力之所以要对其加以限制，是为了维护公共利益，因此，土地开发权的权利人应当肩负相当的社会义务，尊重土地所有权人的利益。为此，作者提出集体与集体成员应当共同享有土地开发权。

对于宅基地置换中产生的土地发展权，作者认为，此权利涉及土地转变性质产生的收益分配，与土地开发权不尽相同，土地开发权主要涉及土地性质的变更与开发强度问题。宅基地置换中，应当充分顾及各主体的利益，土地发展权的归属，应当在维护产权人利益的基础上，再综合考虑地方政府、集体及其成员等各方的利益。在指标发送区和指标接收区，相关权属和收益分配应该是有区别的。

习近平总书记指出："农业强不强、农村美不美、农民富不富，决定着亿万农民的获得感和幸福感，决定着我国全面小康社会的成色和社会主义现代化的质量。"宅基地置换三权分置事关农业、农村、农民这"三农"问题的有效解决，事关中国式现代化建设的大局。孙建伟选择这个项目开展研究，显示了他的社会责任感。我相信，他的研究成果，与渐趋成熟的各地经验一道，将为健全相关法律制度提供理论和实践基础，他们至今为止的所有努力，都是很有价值的。

2023 年 9 月

序 二

彭诚信

　　孙建伟博士的《乡村振兴与宅基地三权分置法律问题研究》即将出版，并邀请我为之写序。作为建伟博士在上海交通大学凯原法学院从事博士后研究期间的合作导师，我仔细阅读了全书，并欣然应允其邀请。

　　土地是农民的安身立命之本，土地问题是关乎农民切身利益的最大问题。中华人民共和国成立以来，我国农村土地制度经历了多轮变迁历程。中华人民共和国成立之初，我国面临将封建地主阶级土地私有制转变为社会主义土地公有制的改革任务，集体所有、统一经营是这一时期土地制度核心；党的十一届三中全会后，为解决统一经营下的生产积极性问题，我国开始探索以家庭联产承包责任制为基础的统分结合的双层经营体制，农村土地的集体所有权与承包经营权逐步分离；20 世纪 90 年代以降，随着城镇化的快速发展，农村劳动力人口向城市迁移，为解决由此产生的农地闲置问题，土地承包经营权流转成为"统分结合"下的改革焦点；党的十八大以来，我国全面深化农村土地制度改革，聚焦农村承包地、宅基地、集体经营性建设用地这"三块地"，以促进农业现代化、乡村振兴与农民共同富裕。可见，因应时代变化趋势，解放和发展农村生产力，充分利用农村土地资源，理顺农民与土地的关系，贯穿我国农村土地制度改革的始终。

乡村振兴战略是党的十九大提出的一项重大战略。党的十九大报告指出："农业农村农民问题是关系国计民生的根本性问题，必须始终把解决好'三农'问题作为全党工作重中之重。要坚持农业农村优先发展，按照产业兴旺、生态宜居、乡风文明、治理有效、生活富裕的总要求，建立健全城乡融合发展体制机制和政策体系，加快推进农业农村现代化。"在学理层面加强对宅基地三权分置与宅基地置换制度的研究，对积极推进乡村振兴具有重要意义。特别是，在农村人口城市化迁徙的背景下，近年来宅基地空置现象愈发严重，如何深化土地制度改革，盘活宅基地资源，以此推进乡村振兴、助力农民生活富裕，需要法学界提供智力支持。在此意义上，孙建伟博士《乡村振兴与宅基地三权分置法律问题研究》一书的出版可谓恰逢其时，具有重要意义。

推进乡村振兴下的农村土地制度改革，"权利"无疑是其关键词之一。2023年年初，中共中央、国务院出台《关于做好2023年全面推进乡村振兴重点工作的意见》，专门指出要"深化农村土地制度改革，扎实搞好确权，稳步推进赋权，有序实现活权"、"稳慎推进农村宅基地制度改革试点，切实摸清底数，加快房地一体宅基地确权登记颁证，加强规范管理，妥善化解历史遗留问题，探索宅基地'三权分置'有效实现形式"。而从"民事权利"的角度理解宅基地改革，就是要澄清宅基地项下对应着什么权利，由谁享有这些权利，这些权利可以如何被行使，行使权利所产生的收益由谁享有等问题。

孙建伟博士在本书中有关宅基地的研究，正是以权利性质为核心加以展开的。在上编中，作者充分阐释了农村集体共同体与集体成员的总有关系，并以此为基础，条分缕析地论证了宅基地使用权在广义上包含两种类型：一是集体成员根据其集体成员的资格所享有的宅基地使用权；二是集体成员和非集体成员等根据其与集体成员所达成的民事契约等法律事实所产生的使用权。前者事实上根植于"三权分置"的资格权中。因此，在宅基地所有权、资格权、使用权"三权分置"的语境下，资格权是基于集体成员身份获得的一种次级所有权，是一种具有物权性质的财产权；使用权则特指依与集体成员所达成的民事契约等法律事实所产生的使用权，是一种狭义的使用权。这一理解的理论优势在于，使资格权上的使用权设定具备了法权基础；实践优势则在于，能够妥善解决宅基地下的历史遗留问题与市场化问题，并最终服务于乡村振兴的目标。在下编中，作者转向聚焦宅基地土地改革下的土地指标问题，并以土地指标所孕育的土地开发权、土地发展权这两种新型权利类型为主要研究对象。就土地开发权而言，建伟博士认为，土地开发权源于土地所有权并属于一种新的用益物权，由集体与集体成员所共享，因而在农村宅基地置换过程中，对于置换结余的土地指标，其项下收益应归属于集体和集体成员。就土地发展权而言，其权利归属的判断也应在维护产权人利益的基础上，根据土地性质等具体情形，综合考虑各方的利益。整体来看，全书以宅基地"三权分置"下的资格权、使用权，以及由宅基地置换所产生的土地所有权、土地开发权为讨论核心，充分论证了各项权利的性质，提出了颇有见地的观点，丰富了我国有关宅基地研究的学理讨论，并在乡村振兴的背景下具有重要的理论价值和实践价值。我相信，读者对于宅基地改革过程中"权利"的某些疑问，应当能够在本书中找到相应回答。

通读全书，建伟博士的著作有以下几个特点。一是问题意识突出。全书围绕"一个目标，一个关键词，两项制度"加以展开，旨在明确宅基地改革过程中所涉权利的性质、归属等问题。所谓"一个目标"，就是在分析过程中注重服务乡村振兴的总目标，以服务土地制度改革、盘活农村宅基地资源为功能追求与逻辑暗线。所谓"一个关键词"，就是时刻注重围绕宅基地相关的"权利"展开讨论、进行拆解，包括将宅基地"三权分置"拆解为所有权、资格权、使用权，将宅基地置换拆解为土地开发权、土地发展权。所谓"两项制度"，就是与宅基地改革相关的三权分置制度与宅基地置换制度。二是体系结构合理。全书分为上编与下编，上编讨论宅基地"三权分置"制度，下编讨论宅基地置换制度。在每一编中，又进一步对各制度所涉及权利的权利性质、权利内容等展开讨论。在讨论时，作者依循"驳论—立论"的论证逻辑，既注重对已有观点的有效反驳，又注重对自己观点的充分论证，令人信服。三是论证依据充分。全书在写作过程中，作者对我国学界的争议观点做了充分梳理，引证详实。同时，在书中部分章节，还特别引入了域外镜鉴的内容，丰富了全书的论证层次。四是论证结论可靠。这一方面是因为作者在书中对相关问题的论证已较为充分，从理论上看应当具备较强的说服力；另一方面也是因为建伟博士在行文过程中时刻不忘乡村振兴的现实关怀，注重盘活宅基地资源、促进农民生活富裕的制度需求，具有实践上的合理性。

土地制度是我国物权法中最为复杂的制度之一，农村土地制度尤甚。建伟博士长期深耕这一领域，并先后在《东方法学》《法学评论》《现代法学》《探索与争鸣》《政治与法律》《国家检察官学院学报》《华东政法大学学报》《西南民族大学学报》《苏州大学学报（哲社版）》《社会主义研究》等核心刊物发表数十篇论文，

对与农村土地制度相关的民法学问题展开了细致、系统
的研究与丰富、详实的讨论。本书的出版，既是建伟博
士多年来在这一领域相关研究成果的一次系统性梳理，
也是其有关土地法思考的一次集中亮相。作为建伟博士
在博士后研究期间的合作导师，我深知此路之艰深。无
论是出于对他迎难而上学术勇气的鼓励，还是出于对其
终得学术硕果的赞许，我都郑重向各位读者推荐此书，
并相信关注这一问题的读者在阅读本书时会有所收获、
有所启发。我也更加期望建伟博士将来在这一领域继续
产出更多的优秀成果。

　　是为序。

目　录

下　编
宅基地开发权制度研究

前　言

　　宅基地三权分置和宅基地置换制度是宅基地土地改革中的两种路径。但是，学界对于宅基地三权分置和宅基地置换制度的学理构造存在争议。在宅基地三权分置问题中，争议主要围绕着宅基地三权分置的背景、宅基地三权分置的权利性质、宅基地三权分置的权利构造模式。在宅基地置换制度中，争议主要围绕着土地指标的法律性质、土地指标与宅基地三权分置的关系、土地指标的体系定位。这些争议的存在导致相关制度难以较好地落地，不利于乡村振兴战略的全面实施。为此，本书在乡村振兴战略的背景下，全面总结上海市宅基地三权分置改革经验，运用概念分析方法、文献梳理法、规范分析法等研究方法对上述问题展开了研究。

宅基地制度改革的基本背景是，三权分置是落实党的十九大提出的实施乡村振兴战略的重大举措，旨在解决宅基地市场化动力不足，唤醒农村沉睡的土地资本等。但是，宅基地三权分置与农村承包地"三权分置"在制度改革理念和具体规则设定等方面具有较大差异，所以加强农户宅基地资格权的法理研究显得十分迫切。

宅基地三权分置中的所有权需要在总有的法律关系中进行理解。集体与成员基于宅基地所有与利用之间的关系，事实上形成了一种特殊的总有关系。对于总有关系的把握，应结合我国宅基地制度所处的环境，来分析和判断总有关系在我国宅基地权利体系构造中的作用。我国农村集体土地所有权越来越呈现出一些新的特点。农村集体土地所有权受到国家公权力严格规制，缺少独立自主的处分权。同时，农村土地所有权成员权行使不充分，受制于法律及当前农村社会政治和文化等现状，总有关系下具有"伙伴性"成员和集体之间的关系并没有完全有效形成。然而，这种"总有"制度也呈现出相应的独特价值。一是主体资格的获取先于成员权，其制度价值越来越凸现。二是宅基地所有权的实现，亟需具备有效的成员民主表决决策程序或机制。三是从权利现代化来看，根据"总有"关系所形成的具有浓厚成员身份资格色彩的使用权，其可以结合我国宅基地制度改革的不断发展而创新出相应的财产权。四是宅基地非农使用受到国家的严格管制，但基于我国集体土地特殊总有的关系，宅基地资格权中还可以催生出宅基地开发权，以便为推动宅基地使用权市场化提供法权基础。正是这种特殊总有关系的形成和制度化，成员的资格权才在所有权和宅基地使用权权利构造中起着非常关键的作用。

宅基地资格权同样植根于集体共同体与集体成员的总有关系之中。宅基地资格权的性质尚不明确，一方面是由于其是一种新型权利，另一方面是国家立法机关制定的法律和中央政策并没有明确其权利性质。既有学说之所以存在较大的分歧，主要是没有将资格权放在我国农村集体特殊总有的关系中进行理解和论证。根据特殊总有关系的逻辑，资格权主要源于集体共同体与集体成员的总有关系，并在财产权方面体现为集体所有与集体成员根据其成员资格，进行分配土地或使用土地的权利。宅基地集体所有权的形成有其历史和特定的社会原因，其主要有两个因素需要考虑：一是国家通过农业化运动强制将农户私人的宅基地收归于集体所有；二是国家需要通过法律或制度来保障农户的居住保障权。因此，在这个意义上说，集体所有权形成和制度功能中本身就蕴含了集体成员的资格权，只不过在宅基地所有权和宅基地使用权二权分离的构架下，这种资格权更集中表现在宅基地使用权制度构建中。将资格权放在我国农村集体特殊的总有关系中来进行审视就会发现，资格权应体现在宅基地分配、使用、交易以及收回或处分等各个阶段。资格权既是成员权等身份权要素，也具有分配权、利用权和剩余权等财产权要素，其应具备身份性权利和财产性权利双重性质。宅基地资格权源于特殊总有关系，而不是成员权。资格权源于所有权或使用权，与这些财产权的性质截然不同，资格权虽然具有财产权属性，但其更为重要的内容还具备身份性或居住保障性的色彩。资格权是总有关系中为处理集体与成员关系的一种基本权利，其包括对因集体资产、资源、资本等"三资"要素分配的身份性资格。资格的享有并获得法律上的效力是获取成员权的基本依据，也是推进宅基地三权分置的重中之重。

　　对于宅基地使用权的性质，需要在宅基地取得和流转的不同阶段中进行具体分析。在取得阶段，集体成员获得的宅基地是基于身份资格获取宅基地永久性使用权。在流转阶段，受让人是依据民事契约获取的宅基地有期限的使用权，实质上是"三权分置"的使用权。我国宅基地集体所有与集体成员之间存在一种特殊总有关系，这就决定了宅基地使用权原则上应直接源于资格权，因为资格权也是通过总有关系获取的财产权。就权利的产生和归属而言，使用权最终源于所有权，但应遵循权利用尽原则，即只有资格权无法保护或救济使用权被侵害或使用权侵害所有权等情形时，所有权人方能行使所有权。宅基地使用权不完全是物权法意义上的地上权，而是还具有有限的土地租赁权或法定租赁权的内涵。我国宅基地"三权分置"中的使用权包括两种类型：一是集体成员根据其集体成员的资格所享有的宅基地使用权；二是集体成员和非集体成员等根据其与集体成员所达成的民事契约等法律事实所产生的使用权。宅基地"三权分置"中的使用权，是指他人通过民事契约等法律事实所获取的

使用权，而不是指宅基地成员依据其身份资格获取的
使用权，因为集体成员依据其身份资格所获取的宅基
地使用权天然地被包括在资格权中。宅基地使用权看
似一种相对独立并具有他物权特点的用益物权，其实
质上不完全是物权法意义上的地上权，还可以是土地
租赁权或法定租赁权。应取消原有的宅基地使用权，
重新设计两项全新的权利即资格权与使用权。资格权
就是集体成员依据其成员的身份资格获取的宅基地使
用权。设置在宅基地资格权之上的使用权是一种私法
意义的用益物权，可以是一种担保物权，也可能是一
种具有物权性质的债权或单纯的债权。宅基地三权分
置中的使用权功能具有强烈的私权属性，但其设定的
基础和前提不是宅基地使用权，而是基于特殊总有关
系中的宅基地资格权，即集体成员依据其身份资格获
取的宅基地使用权。

综上，对于宅基地"三权分置"中资格权和使用
权性质的认识，需要依靠具体法律关系。每种法律关
系的性质不同，相应的宅基地权利的设置期限也具有
巨大差异。集体成员依据其成员资格获取宅基地的永
久性使用权，并赋予集体成员类所有权的权利性质，

其法理基础在于特殊总有理论。对于集体成员再将宅基地使用权通过民事契约等法律行为转让给其他人，不应该具有身份限制，并且这种在集体成员的资格权之上再设定的权利的性质，可以将其设定为具有物权性质的用益物权，其法理基础是地上权理论。考虑到我国特有的实际情况，宅基地使用权可以定性为租赁权，当事人计划长期经营并相对稳定从事经营的，可以设定法定租赁权和地上权，但必须要办理登记手续。为了更好地发挥宅基地使用权财产价值功能，以及更好地与城市国有土地使用权的制度衔接，应根据宅基地三权分置中宅基地使用权具体用途和土地使用性质，来确定或设置宅基地使用权的最长年限。

关于宅基地三权分置政策向法律上制度的转化。建议取消原有的宅基地使用权，重新设计两项全新的权利—资格权与使用权。资格权是基于成员身份获得的一种次级所有权，是一种具有物权性质的财产权。由此，在资格权之上再设定使用权就具备了相应的法权基础。这些理论可以为历史遗留问题和市场化问题的解决提供依据。对于历史遗留问题的解决，需要区分为三种情况具体讨论。对于市场化问题的解决，要在保障农村集体成员的居住的前提下，将剩余的闲置宅基地及其房屋对他人进行租赁、抵押、入股等方式，以便推进宅基地使用权上市流转。

土地指标是宅基地土地改革中的另一核心制度，孕育出土地开发权和土地发展权两项新型权利。宅基地置换是国家在统筹城乡背景下以平衡耕地保护与城市发展为目的开展的试点改革。其主要内容是：地方政府在农民自愿前提下，对农村建设用地（以宅基地为主）与耕地加以集约利用，以获得建设用地指标，并推进农村土地制度改革。土地开发权归属于土地产权人，是土地用途变更的权源。在宅基地置换中应承认农民集体及其成员享有土地开发权，包括优先开发权、对整理结余土地的流转权等。基于此，土地发展权为相关增值利益确定归属。指标发送区宅基地的增值利益属于宅基地使用权人，其他建设用地的利益由地方政府、集体和集体成员共享。在土地指标接收区，集体成员对宅基地有优先开发权，地方政府可分得该收益。其他农村建设用地的增值收益由集体、集体成员和地方政府共享。

土地开发权源于土地所有权，因国家土地用途管制和城乡规划权等公权力的规制而凸显，进而成为法律实践上亟需予以规制的法学命题。因此，应作为一项独立的、新型的财产权来加以审视。土地开发权问题的凸显是因为土地产权人的土地受到政府公共权力的管理使其权利受到限制，导致产权人的财产价值受到损害，进而产权人基于这一事实获得政府补偿的权利。但是，政府由于给予产权人相应补偿，特别是因为受到国家既有财政赤字的巨大压力，所以不得不通过市场化的方式，将这一权利通过市场来加以解决。由高度开发地区的开发人通过购买开发权对被限制开发用途的土地所有权人进行补偿，这就是我们所说的土地开发权交易。

土地开发权具体应被定义为一种新型的用益物权。需要从农村土地变更为城市建设用地时土地性质变更与土地利用集约度提高的角度对土地开发权加以界定。土地开发权具有用益物权的实质内核与占有、使用等具体权能，应当将土地开发权作为用益物权中的使用收益权。但同时应当看到，土地开发权作为用益物权，具有不同于传统用益物权的独特属性。传统用益物权强调其限制所有权的功能，以实现物的利用与增值。而土地开发权则处于土地用途管制，尤其是国家公权力维护公共利益来限制相关权利的行使的整体语境下，土地开发权更多属于土地权利人所负社会义务的结果。在宅基地置换过程中，土地开发权的引入有特别意义。宅基地置换需要对农村建设用地进行集中利用并将结余土地所产生的指标置换为建设用地指标，以实现保护耕地与节约土地资源的价值目标。在此过程中，传统的所有权理论在面对新型的土地空间资源配置问题时显得捉襟见肘。土地开发权的引入将丰富我国的农村土地权利制度，为置换过程中土地用途的变更提供权利基础。

宅基地置换中的土地指标与开发权交易中的土地开发容量能够彼此对应。从土地开发容量的角度而言，在某种程度上可以将土地指标作为开发容量的来源。宅基地置换制度使地方政府得以在国家计划分配的指标之外另辟蹊径，通过节约利用现有农村建设用地的方式为城市化建设提供建设用地指标。宅基地置换制度使得我国的土地开发容量具有双重来源：一是国家计划分配的土地指标，二是整理农村建设用地后结余的土地指标。由此可见，土地指标与土地开发权有着密切的联系。由于土地开发权是土地所有权受限的结果，为充分保障权利人的利益，应当将土地开发权归属于土地产权人。围绕土地的所有与利用，集体与集体成员之间形成了一种新型总有关系的法律结构。理论上应当坚持由集体与集体成员共同享有土地开发权。在农村宅基地置换过程中，对于置换结余的土地指标，实践中开始探索以公开竞价方式对其作出处置，并将拍卖所获收益归属于集体和集体成员。

土地发展权主要涉及宅基地置换中因土地性质转变引起的增值收益分配问题，其与土地开发权有非常密切的联系，但也存在显著的区别。两者的主要区别在于调整对象不同，土地开发权主要涉及土地性质的变更与开发强度的调整，而土地发展权解决的则是土地性质与开发强度变更产生的增值收益如何分配的问题。在宅基地置换中，对土地发展权归属的认定配置应当考虑到置换中各方主体的利益，作出公平合理的判断。对于土地发展权的归属，应当在维护产权人利益的基础上，根据土地性质等具体情形，综合考虑各方的利益。在指标发送区，宅基地的增值收益应当归于宅基地使用权人。分配宅基地以外的其他农村建设用地时，则应兼顾地方政府、集体及其成员的利益。在指标接收区，集体成员对宅基地享有优先开发权，因此获得的收益可以部分或逐年上交地方政府。对于其他农村建设用地，应当由集体及其成员共享因土地利用而产生的增值收益，并按比例上交至地方政府。此外，集体资源性资产的增值收益应主要归属于集体，用于生产活动以及集体经济事业。此后尚有盈余的，则可以按照相应规则，在集体成员之间按比例分配。

上　编

宅基地三权分置法律制度研究

第一章　宅基地"三权分置"
政策法律化的总体思路

一、核心观点

　　为探索和改革现行宅基地法律制度，2018 年中央一号文件提出，完善农民闲置宅基地和闲置农房政策，探索宅基地所有权、资格权、使用权"三权分置"，落实宅基地集体所有权，保障宅基地农户资格权和农民房屋财产权，适度放活宅基地和农民房屋使用权。宅基地"三权分置"改革的思路具有重大理论和实践意义。但如何将具体的政策文件转化为法律上的具体制度，对此，课题负责人建议应取消原有的宅基地使用权，重新设计两项全新的权利—资格权与使用权，并为推进此政策法律化提出一些具体建议。

对于宅基地所有权、资格权和使用权法律性质上的判断，离不开具体法律关系性质的判断。在某种意义上而言，正是对宅基地的集体所有权、成员依据其身份资格获得使用权、他人依据民事契约等获得的使用权之间的法律关系准确定位，才能设置合理的三层次权利构造模式。

集体与成员基于宅基地所有与利用之间的关系，形成了事实上的总有关系。总有是指将所有权的内容，依照团体内部的规约，加以分割，其管理、处分等支配的权能属于团体，而使用、收益等利用的权能则分属于成员。正是在这个意义上，《物权法》第 59 条才规定农民集体所有的不动产和动产，属于本集体成员集体所有，以凸显这种成员与集体之间"总有"上的关系。总有关系解决的核心问题是，以成员的资格来获取集体或共同体的土地等不动产利用权。这种集体不动产的利用权设定，不是通过私人化的契约来进行设定的，而更多地是通过团体与成员身份来设定的。因此，其权利性质无法用用益物权来进行衡量，应认定其是基于成员身份获得的一种次级所有权。宅基地三权分置使用"资格权"这一称谓，是准确地建立在对我国宅基地分配的标准把握基础之上的，因此是正确的和科学的。

在资格权之上能否设定使用权？答案是肯定的。因为资格权本身也是一种具有物权性质的财产权。其法权基础在于集体土地的总有性质。但问题的关键是在资格权之上设定的就一定是地上权吗？首先我们来看地上权的功能。地上权为了解决建筑物的存在需要以何种权利为基础的问题。尤其是土地所有权无法成为建筑物所有权的紧密伙伴，那么就在所有权之外，给所有权设定一个负担性的用益物权，即地上权来与建筑物所有权进行衔接。这样做的原理在于，在他人土地上建造的建筑物的权利可以与地上权捆绑在一起，以便为持续拥有、交易和流转建筑物提供法权基础；与此同时，又不危害土地的所有权。

地上权是一种典型的用益物权。借助宅基地集体成员的资格权来设置地上权，从现有的试点和相关政策性文件的规定上看，还没有明确其一定就是地上权。因此，答案是否定的。因为在试点实践中主要有以下三种形态：一是以地上权的理论来解决三权分置中的使用权性质，即在资格权上设定具有用益物权性质的地上权，即使用权；二是在集体成员的资格权上设置建筑物时，设定法定租赁权，但这种权利与租赁权的区别在于是否登记，如果到法定部门进行登记，就是法定租赁权，如果没有登记，就是普通租赁权。三是普通的租赁权。在宅基地三权分置的复杂多样的制度性实践中，以上三种情形都或多或少地存在，对此，应照顾到实践的多样性和丰富性，不应一刀切地规定为地上权，一刀切的定性未必能保护好农民的利益。

对于使用权而言，由于将宅基地资格权界定为集体成员根据其成员资格在总有关系中享有的财产权，那么在资格权之上再设定使用权就具备了相应的法权基础。因为，资格权就是集体成员依据其成员的身份资格获取的利用权，在这种权利上设定的使用权就有以下独特内涵。一是使用权主体较为明确和具体。即在资格权上设定的使用权人主体原则上为本集体成员，其权利来源于成员的身份资格，来源于总有关系。二是权利内涵较为清楚和明确，不容易发生混淆。在集体成员资格权上再设定的使用权，具有强烈的市场化特征，其私人权利属性表现地较为集中。其可以是一种私法意义的用益物权，也可以是一种担保物权，也可能是一种具有物权性质的债权或单纯的债权。

二、　具体规则之构建

当前，宅基地三权分置中使用权主要解决以下两个主要问题：一是宅基地上建造的建筑物或构筑物与资格权（成员依据其身份或资格获取的宅基地使用权）分离导致的权利冲突问题，即建筑物或构筑物所有权人本来有资格权（成员依据其身份或资格获取的宅基地使用权），但由于客观情况的变化（如继承、身份变化、家庭成员的变少等）导致资格权（成员依据其身份或资格获取的宅基地使用权）引发的权利冲突问题；二是运用宅基地三权分置中使用权来促使宅基地资格权市场化，促进农户宅基地资格权财产权化和农民住房财产权抵押、担保、转让，以拓展农民增加财产性收入渠道。这两个问题的解决，本质上就是为了解决农村房屋这块地权利能否在房屋权利变动的过程中，实现农村房地市场化运作，以便为农村社会带来实实在在的收入。为了更好地分析问题，笔者将前者概括为历史遗留问题的解决，后者概括为市场化问题的解决。

三、　宅基地历史遗留问题解决思路

这个问题还要进一步区分为三种情况：一是既有建筑物建造时，是基于资格权（成员依据其身份或资格获取的宅基地使用权），后来因为客观情况的变化，成员人数的减少，成员宅基地使用权应相应减少，但事实上宅基地的成员使用权没有减少，或还出现宅基地面积增加的情况，对此，应根据资格权（成员依据其身份或资格获取的宅基地使用权）的变化进行调整，对于符合资格权（成员依据其身份或资格获取的宅基地使用权）数量要求的，按照资格权属性，对其建筑物等进行定性，不必设置地上权，也不必设置法定租赁权。对于不符合资格权（成员依据其身份或资格获取的宅基地使用权）数量要求，即超标准使用的宅基地，则应按照地上权或法定租赁权的要求，合法保障因成员资格权变迁所导致的房地权利冲突问题。基于成员资格的超标准使用权期限应是不确定的，主要是依据建筑物的存在寿命而定，当然建筑物基于村庄改建、重建或其他非人为因素毁损的，其使用权期限以毁损日期来确定。

二是既有建筑物建造时，是基于资格权（成员依据其身份或资格获取的宅基地使用权），后来因为客观情况的变化，成员资格权不复存在，但事实上宅基地的使用面积没有减少，对此也应在尊重建筑物所有权的基础上，为其设定地上权或法定租赁权，使用期限也是建筑物的寿命，直到建筑物毁损灭失后，再将其使用权收回。除非由于村庄改建、重建或其他非人为因素毁损的，其使用权期限以毁损日期来确定。这样以便最大化地保障建筑物权利人的利益。这种思路的基础是，建筑物所有权有其合法的来源和基础，应在充分尊重建筑物所有权的基础上来设置相应的宅基地使用权。这体现了最大程度保护农村社会房地财产权原则。

三是既有建筑物建造时，不是基于资格权（成员依据其身份或资格获取的宅基地使用权），而是基于民事契约等获得宅基地使用权的，只要不存在违反村庄规划和土地用途管制的行为，则应尊重这种基于契约的租赁权。至于这种使用期限，当事人可以约定。当事人没有约定或约定不成的，可以由当事人在此协商确定，如果还无法确定的，可以赋予司法机关以裁判权。司法机关处理此类纠纷应主要审查纠纷解决时或实施建筑行为时有无资格权以及是否应该具有资格权等因素，如果应该有资格权，则按照第一种情况来处理。如果不应该有资格权，应按照民事契约的约定来处理，但不得违反法律、行政法规强制性规定。但其使用期限最长可参照宅基地使用土地用途和土地性质，来确定其使用期限，但不宜超过国有建设用地使用权最长期限。[①] 以便做到与现行宅基地三权分置和同地同权等改革思路相契合。

四、 对于宅基地市场化问题的解决

其主要在保障农村集体成员居住的前提下，将剩

[①] 依照现行法，国有建设用地使用权期限最长的居住用地是 70 年。对此规定的解读也有不同的观点，如杨立新教授认为 70 年的住宅建设用地使用权期间届满，经过自动续期，该权利成为永久性用益物权。杨立新：《70 年期满自动续期后的住宅建设用地使用权》，《东方法学》2016 年第 4 期，第 2 页。

余的闲置宅基地及其房屋向他人进行租赁、抵押、入股等，以便推进宅基地使用权上市流转。这里也应区分不同情况。对于长期稳定经营的建筑物，当事人可以通过法定租赁的方式进行登记，以使这种不动产的租赁权物权化，进而设定较长的使用期限。但最长不得超过国有建设用使用权的期限。我国《城镇国有土地使用权出让和转让暂行条例》第12条规定，土地使用权出让最高年限按下列用途确定：居住用地70年；工业用地50年；教育、科技、文化、卫生、体育用地年限为50年；商业、旅游、娱乐用地40年；仓储用地50年；综合或者其他用地50年。考虑到当前宅基地对非集体成员的出租主要是用于商业、旅游、娱乐等，国家对于宅基地是禁止用于从事房地产开发的。因此，其设定期限不宜超过40年，当然，如果租赁宅基地用作综合用地或作教育、科技、文化、卫生、体育等方面的使用的，其期限最长不宜超过50年。具体期限应根据当事人之间的合同进行商定，但最长不宜超过国有使用权的期限。

对于当事人短期租赁宅基地用于商业、旅游、娱乐等用途的，只要符合村庄规划和土地用途管制等要求的，当事人也可以设定相应的债权，以便更好地从事经营活动。但是，为保障双方当事人合法权益，这种租赁权应比照住房租赁合同，最长期限不宜超过 20 年。超过 20 年的，应设定法定租赁权或地上权。

五、 思路的展开

为了贯彻确立的总体思路，本编以下各章的内容将围绕着本节确定的思路具体展开。首先要论证资格权、使用权的性质，以便为后续的分析奠定理论基础。在权利性质明晰之后，便涉及权利流转的具体方式。最后，权利的定性是实践运作的基础，决定了规范的适用，在此过程中可以借鉴土地经营权物权化构造中的思路。通过这些问题点的解答，政策才能得以真正法律化，最终落地。

第二章　宅基地"三权分置"中资格权、使用权的性质

　　根据"三权分置"制度，宅基地权利被分置为了三权，分别是所有权、资格权、使用权。如何去认识资格权和使用权的内容和性质，及两者与所有权之间的关系，是理解"三权分置"制度的基础。其中，准确把握宅基地资格权、使用权在法律上的性质，是宅基地"三权分置"制度构建的核心与关键，这构成了后续研究的基石。对于宅基地资格权和使用权法律性质的判断，离不开对具体法律关系性质的分析。

　　集体与成员基于宅基地所有与利用之间的关系，形成了事实上的特殊总有关系。没有这种总有关系，没有成员的资格权，就无法理解原有的宅基地使用权。资格

权是集体成员宅基地分配中的一种资格，其应该具有相对独立的权利内涵，并具有人身权和财产权双重属性。宅基地资格权应进行确权登记，为使用权进一步分离提供制度基础。宅基地使用权看似是一种相对独立并具有他物权特质的用益物权，其实不然，其不只是物权法意义上的地上权，还可以是土地租赁权或法定租赁权。应取消原有二权分置的宅基地使用权，重新设计两项全新的权利—资格权与使用权。这种判断较为契合我国宅基地"三权分置"具体的事实关系和实践特点，也较容易为我国农村集体成员所接受和认可。

一、 问题之提出

为探索和改革现行宅基地法律制度，2018 年中央一号文件提出，完善农民闲置宅基地和闲置农房政策，探索宅基地所有权、资格权、使用权"三权分置"，落实宅基地集体所有权，保障宅基地农户资格权和农民房屋财产权，适度放活宅基地和农民房屋使用权。宅基地"三权分置"改革的思路具有重大理论和实践意义。其中，如何准确把握资格权、使用权在法律上的性质，并在此基础上重构宅基地所有权、资格权和使用权的权利架构及其背后的法理，是一项基础性研究工作，是"三权分置"制度构建的核心与关键，因为只有准确界定和精确把握宅基地资格权、使用权的权利性质，才能根据各个权利的性质定位，来设置相应的法律规则。对此，有部分学者进行了研究，并提出一些建设性的意见或建议，①其中席志国副教授研究得相对系统和完善，并提出了一些富有启发性的意见。对于宅基地"三权"，席志国副教授在法律上的定性、"三权"设置背后的法理以及如何在既有的制度框架下来推动宅基地"三权"之间的重构等方面，看到了问题所在，对推动将宅基地使用权作为一种财产权予以具体制度设计有着积极意义。然而，由于席志国副教授对宅基地使用权的性质及其与土地所有权、资格权、成员权关系等问题上评估不足，导致其得出的结论有失全面。其一，对于宅基地"三权分置"的具体含义的理解上存在认识误区。其认为为了

———

① 参见刘锐：《乡村振兴战略框架下的宅基地制度改革》，《理论与改革》2018年第3期；浦安冬：《宅基地"三权分置"改革需重视村集体的作用》，《21世纪经济报道》2018年3月17日，第007版。

照顾"宅基地使用权"的原有用法，宅基地使用权就是资格权，没有必要重提资格权。其二，三层次权利结构模式之间定位混乱，出现了两个使用权。其认为应将宅基地使用权从用益物权中独立出来，作为一个层次的权利，使其在私法中的功能相当于所有权。经营权、地上权等新分离出来的权利以及原有的地役权才是真正的用益物权，即"在原有的'宅基地使用权'之上再行创设一项作为用益物权的使用权"。最终"形成集体土地所有权——宅基地使用权——地上权的三层次权利结构模式"。将资格权等同于宅基地使用权的观点，没有看到资格权的独特价值，且容易产生与"三权分置"中使用权相互混淆的危险。其三，对于"三权分置"中的使用权"一刀切"地定性为地上权，与制度改革实践存在很大差异，也与中央提出宅基地三权分置的使用权内涵不相吻合。① 对于宅基地所有权、资格权和使用权法律性质上的判断，离不开具体法律关系性质的判断，只有对宅基地的集体所有权、成员依据其身份资格获得使用

---

① 笔者于本书中引用的席志国副教授关于我国农民宅基地所有权、资格权、使用权法律性质及其关系的观点，均参见席志国：《民法典编纂视域中宅基地"三权分置"探究》，《行政管理改革》2018 年第 4 期。

权、他人依据民事契约等法律事实获得的使用权之间的法律关系准确定位，才能对宅基地所有权、资格权和使用权的关系进行准确理解，并在此基础上设置合理的三层次权利构造模式。笔者以此为指导，对目前尚未达成共识的宅基地资格权的特性及其制度形态作出探析。

二、　宅基地资格权的应然理解

长期以来，我国宅基地所有权和使用权两分权利架构模式主要是宅基地所有权归属集体，宅基地使用权归属本集体成员。事实上，在这种权利架构模式下，宅基地使用权由于受到国家禁止开发等用途管制的限制，只能用于居民自住，是为集体成员解决居住问题的一种制度上的福利和保障，禁止宅基地使用权在本集体外部进行交易。这种制度构造模式是按照成员的身份来获得宅基地使用权。这种宅基地使用权的分配规则，事实上是与我国集体和成员之间的土地所有和利用关系紧密联系在一起的。这种集体与成员基于宅基地所有与利用之间

的关系，事实上形成了一种特殊的总有关系。看不到这
一点，就无法理解宅基地所有权和宅基地使用权之间的
内在关系。

（一）农民与集体所有的动产和不动产的总有关系

总有理论是一种日耳曼法意义上的所有权制度。
其与传统的罗马法上的所有权内容有着根本意义上的
差别：在保持固定或长久财产权总有前提下，根据其
成员的团体身份，来对团体财产权进行实质意义的分
割，即其根据成员身份来实现所有权权能的分配，而
不是按照罗马法根据契约或法律规定或法律事实，来
实现对所有权权能的分割或分配。这体现了团体或集
体作为土地所有权主体管理或支配土地所有权的特殊
性和复杂性。① 如果按照罗马法对于所有权理解的视

---

① 参见王利明、周友军：《论我国农村土地权利制度的完善》，《中
国法学》2012 年第 1 期；李宜琛：《日耳曼法概论》，中国政法大学出版
社 2003 年版，第 35 页；[日] 山田晟：《德国法律用语辞典》，日本大学
书林 1995 年版，第 270—271 页；[日] 石田文次郎：《土地总有权史
论》，岩波书店昭和 2 年版，第 124 页。

角来审视具有总有性质的所有权内容，就会存在这样的困惑，基于成员身份获得的宅基地使用权应解释为"类似所有权""类似自物权"。① 对此，有人认为，我国集体土地（宅基地）土地使用权可以匹敌大陆法系意义上的所有权。例如，有论者指出："我国的土地使用权绝非大陆法系的用益物权，而是借助土地使用权实现土地的物权化和市场化配置。"② 又如，有论者认为："土地使用权在我国发挥的是西方国家所有权所要发挥的土地资源在市场主体的首次分配的功能。可见，在功能上土地使用权完全可以与西方国家的土地所有权相匹敌。"③ 在这种理论指导下，农村集体和成员之间的基于集体土地权利的归属和利用关系，就是一种总有关系。在我国农民宅基地制度实践中，只要集体成员身份资质具备并具有居住需求，在法定的条件下，就应该具备一种长期而永久的使用权。这种权利属性无法完全用

① 参见孙建伟：《建设用地置换视域下土地发展权的法理基础与制度构造》，《暨南学报（哲社版）》2017年第12期。

② 李凤章：《从公私合一到公私分离——论集体土地所有权的使用权化》，《环球法律评论》2015年第3期。

③ 席志国：《民法典编纂视域中宅基地"三权分置"探究》，《行政管理改革》2018年第4期。

大陆法系中用益物权概念来解释。因为大陆法系的用益
物权制度设计，是一种没有考虑使用权人的成员身份权
和居住保障权的一种用益物权。然而，运用"总有"理
论的归属和利用的内容进行解释和论证，这种总有关系
体现在法律权利上，则表现为资格权。正是在这个意义
上，我国《物权法》第 59 条才规定农民集体所有的不
动产和动产，属于本集体成员集体所有。这就凸显了这
种成员资格与集体一种特殊的"总有"上的关系。

（二）宅基地所有权内容具有特殊总有的
性质

关于运用总有理论来解释我国农村集体所有权的内
容，学界基本上有这样几种观点。

一是"高度相似说"。该说认为，我国农村集体土
地所有权性质和特点，与总有性质意义上所有权内容具
有高度相似性。对此，孟勤国教授系统地总结了五个方
面的相似性："中国集体所有权的产生和发展并未受总
有的影响，但总有似乎天生是为中国集体所有权准备
的，这说明相同或相似的生活条件会产生相同或相似的

法律规则。"① 王利明教授也认为我国物权法上的成员集体所有与总有有诸多类似之处。②

二是"形式上总有说"。该说认为，虽然从法律上看，农民集体将土地分配给成员使用，且成员不享有土地的分割权，"但土地处分权、土地用途变动权仍归国家，宅基地使用权不得外流，政府可以随时征用'集体'土地，价格由政府决定，农村土地之'总有'关系其实仍存在于形式上"。③ 该说认为，从成员对归属于团体的财产均无份额所有权的财产关系而言，集体与成员在土地归属和利用上依然成立总有关系，只不过这种总有关系有其特殊性。"我国农村'集体所有'关系与所谓'国有财产关系'（实为国家为唯一出资人之财产关系）并立，称公有关系，说明农村土地总有关系不同于其他总有关系"；④ 与此同时，也只有我国农村集体

---

①　参见孟勤国：《物权法如何保护集体财产》，《法学》2006年第1期。

②　参见王利明、周友军：《论我国农村土地权利制度的完善》，《中国法学》2012年第1期。

③　李锡鹤：《物权论稿》，中国政法大学出版社2016年版，第394页。

④　李锡鹤：《物权论稿》，中国政法大学出版社2016年版，第394页。

成员之身份与户籍相联系，"非经国家同意不得脱离集体，农业不仅是职业，而且是身份，集体成员子女当然取得总有团体成员身份"。该说认为，我国的集体总有关系被公有关系所规制，集体本身没有处分权和用途变更权，且集体成员依据成员身份和户籍等标准来获得成员权，相对于总有关系有其特殊性。该说也注意到我国的试点改革动向，尤其是 2015 年国务院出台的《关于开展农村承包土地的经营权和农民住房财产权抵押贷款试点的指导意见》，将农村土地更多的经营权还给农村集体和农民，表明农村公社化以后的农村集体土地"形式总有"性质上的松动。①

　　三是"持份权总有说"。该说认为中国改革开放以来的农村土地制度可以用总有关系来进行认识，但市场化改革更凸显了集体土地所有权与使用权基于其契约化制度事实的规制，越来越呈现持份权的总有的特点。如日本学者小川竹一教授就敏锐地指出："中国集体土地所有权可以运用总有来进行认识，但在具体实践中，却受到双重限制：一是由于集体受到国家和基层政府限

---

　　①　参见李锡鹤：《物权论稿》，中国政法大学出版社 2016 年版，第 395 页。

制，缺乏一定程度上自主性；二是集体土地总有面临集体土地所有与使用之间日益契约化制度事实约束，使总有呈现'持份权之总有'的特征。"①

"高度相似说"看到了我国集体土地制度与总有制度之间的联系，但是，没有注意到我国集体土地制度具有总有制度上的特殊性。例如集体土地所有权原则上归属集体所有，但是国家和政府却享有土地用途变更权和处分权，而集体本身的土地处分权和管理权则相对不自主、不独立，并且我国总有制度下集体成员的土地收益权和使用权，因为要承担更多意义上的公法义务而受到很多的限制，如不能用于非农用途，不能作为经营性财产运行等等；"形式上总有说"看到了这些内容，但是，其对于如何理解我国农村集体土地总有实质意义上的内容缺少理论分析。"持份权总有说"对于我国改革开放以来的农村集体土地利用的契约化制度事实给予了高度关注，并指出在集体总有的背景下，我国农村土地越来越呈现出由农户个体化利用和使用的现状，但是，该说没有系统回答持份权总有到底是总有的一种形态，还是

---

① ［日］小川竹一：《中国集体土地所有权论》，《比较法研究》2007 年第 5 期。

对总有的背离。

　　笔者认为，对于总有关系的把握，应结合我国宅基地制度所处的环境，来分析和判断"总有"关系在我国宅基地权利体系构造中的作用。这需要不断地挖掘这种制度本身的独特内涵。我国农村集体土地所有权越来越呈现出一些新的特点。对于我国农村集体总有制度的分析，应该放在我国宅基地法律制度环境下进行。这种制度环境为：一是我国农村集体土地所有权受到国家公权力严格规制，而缺少独立自主的处分权；二是我国农村土地所有权成员权行使不充分，尽管我国物权法、村民组织法等法律规定了村民的成员权和成员权行使的程序，但是囿于当前农村社会政治和文化等现状，总有关系下具有"伙伴性"成员和集体之间的关系并没有完全有效形成。因此，现行法不得不通过加强成员权、使用权物权化的方式来保障成员权的利益和法律地位。

　　然而，这种"总有"制度也呈现出相应的独特价值。除了排除传统社会中（尤其是封建社会）成员与集体人身依附关系，而借用传统"总有"制度中土地归属和利用权利分配的一种制度形态，来解释和理解集体成员与集体土地所有权归属和土地利用权合二为一的现象，其呈现的特殊性主要表现在以下几个方面。

一是主体资格的获取先于成员权，其制度价值越来越凸显。无论是对农村集体制度在立法上的焦点问题的回应，还是司法上宅基地纠纷的解决，其先决条件就是集体成员的资格认定问题。因此，集体成员的资格认定问题是基础性的和先决性的，可以说是总有制度的核心问题。尤其是在我国，根据农民成员权的资格，集体成员有权获得宅基地使用权分配的权利。按照现行法律和政策的规定，宅基地使用权的获取不需要支付相应的对价，只需要具备成员资质就有可能实现宅基地使用权的获取。因此，成员的主体资格先于成员权。这是整个总有制度构建的基础性命题。主体资格的承认是权利产生的前提性要件，因为它意味着主体从此具有了权利能力，从而权利也才真正能够在法律上存在。彭诚信教授认为，在主体资格没有被承认的社会中，无论有着多么发达的财产、契约制度，都不可能生发出权利制度。[①]因此，在这个意义上，成员主体资格是获取我国农村宅基地权利的最基本的依据。

----

① 彭诚信：《权利的程序理论的建构》，法律出版社 2017 年版，第 229 页。

二是宅基地所有权的实现，亟需具备有效的成员民主表决决策程序或机制。作为事关农村集体成员居住等宅基地使用权的财产权，其如何实现，需要集体成员有效的平等参与，并在此基础上根据自己的利益诉求，来进行形成权利行使机制。这其中最为关键的问题是如何设计有效的成员民主表决程序，以最大化地保障成员权利。成员的民主表决机制的有效行使，是我国农村集体土地总有关系得以运行和实现的合法性来源。

三是从权利现代化来看，根据"总有"关系所形成的具有浓厚成员身份资格色彩的使用权，其可以结合我国宅基地制度改革的不断发展而创新出相应的财产权。物权的本土性和现代性是紧密联系在一起的。尤其是在物权领域，很多具有传统性和本土性色彩的制度，都可以在物权现代化的过程中获得新生。例如我国农村集体宅基地法律制度中，按照传统的集体成员身份获得宅基地使用权。在推进宅基地"三权分置"的进程中，也可以按照契约来获得宅基地使用权，以便为宅基地使用权权能扩张和最大化地促进农村集体经济发展发挥制度引领功能。

四是宅基地非农使用受到国家的严格管制，但基于我国集体土地特殊总有的关系，宅基地资格权中还可以催生出宅基地开发权，以便为推动宅基地使用权市场化提供法权基础。我国 2008 年《土地管理法》第 63 条规定"农民集体所有的土地的使用权不得出让、转让或者出租用于非农业建设"，第 43 条规定"任何单位和个人进行建设，需要使用土地的，必须依法申请使用国有土地"，由此确立了农村土地不能用于非农经营的一般原则。同时，该法第 43 条和第 63 条又规定了例外，即以下四种情况可以使用农村建设用地，即兴办乡镇企业、村民依法建设住宅、乡（镇）村公共设施和公益事业建设以及因破产、兼并等情形致使土地使用权依法发生转移。也就是说，原则上农村宅基地只能用来农户居住，不能用于非农经营。这本质上就是将宅基地开发权作了严格限制，甚至连作为其所有权主体的集体也没有开发权。这种立法原则上否定了宅基地开发权的所有权人和成员所享有的土地权利分配格局，越来越成为农村土地制度改革的障碍。笔者认为，土地开发权应该由集体所有权人和基于特殊总有关系享有资格权的农户共享。这主要是因为，国家可以通过规划权和用途管制权来限制宅基地开发利用，但是这种限制要合情合理，且这种限制超越一定度的时候，要给予集体所有权人和农户资格权人相应的补偿。这种补偿权的法权基础就是宅基地开发权由集体所有权人和基于特殊总有关系享有资格权的农户共有。

综上所述，对于宅基地土地所有权内容的认识，离不开对于其总有性质的判断，而这种总有性质特征和内涵，是认识和准确把握现行宅基地资格权和所有权的关系的关键。这种总有性质、特征和内涵的核心可以用来解决由成员的资格获取集体土地等不动产使用权的难题。集体成员不动产的使用权设定，在其中不是通过私人化的契约来进行设定的，而更多地是通过国家法律根据其对成员身份资格的判定来强制设定的。因此，其权利性质无法用用益物权来进行衡量。国内很多学者都已经认识到这个问题。笔者重点要讨论的是，正是这种特殊总有关系的形成和制度化，成员的资格权才在所有权和宅基地使用权权利构造中起着非常关键的作用。

（三）宅基地资格权的性质

关于宅基地资格权的性质问题，由于其是一种新型权利，国家立法机关制定的法律和中央政策并没有明确其权利性质，因此引起学界的争议。目前学界主要有宅基地使用权说、成员权说、剩余权说等观点。剩余权说认为，宅基地"三权分置"中的资格权只是宅基地使用权人在让渡一定年期的使用权之后，对原有宅基地的剩余权。"实现宅基地资格权和使用权分立，似乎宅基地资格权更应理解为宅基地使用权在流转后的剩余权""母权利的权利人已经在事实上取得了对特定土地的支配权。只不过由于其享有的物权，受制于权利的身份性限制，而无法流转。如果将之界定为只是集体成员基于成员身份而取得宅基地使用权的资格，则违反了对特定物的支配这一物权的根本要求，所谓的'三权分置'也就无从谈起"。[①] 成员权说认为，资格权应是一种成员权，只要成员权在，在法定条件下，就可申请一定面积的宅基地，"资格权作为成员权的组成部分，本身属于土地所有权行使方式的范畴，并不是宅基地使用权的组成部分。……拥有宅基地分配资格权的农户，并不一定就实际上享有宅基地使用权，其宅基地使用权的取得尚

[①]　李凤章、赵杰：《农户宅基地资格权的规范分析》，《行政管理改革》2018 年第 4 期。

需借助于农村集体经济组织实际分配宅基地的行为，如果农村集体经济组织暂时无地可分，则该农户可能在一段时间内只享有宅基地分配资格权，并不能实际享有宅基地使用权；不仅如此，一旦农户通过实际分配行为取得了宅基地使用权，并且足额行使了该权利（例如分配面积达到法定标准），那么其分配资格权也就归于消失，如果之后其转让了宅基地使用权，也不再享有宅基地分配资格"。① 还有一种观点认为，资格权就是原来的宅基地使用权，此即宅基地使用权说。持宅基地使用权说观点者认为："中央一号文件所提出的宅基地'三权分置'中的资格权是指现行法律上的'宅基地使用权'，在'三权分置'之后其本身并不需要也不应该发生本质上的改变，只有这样才能维持既有的法律制度不变，才会不改变现有宅基地使用权人的权利和利益状况。"②

　　上述三种观点都存在一定的片面性。剩余权说看到宅基地使用权人将宅基地权利让渡以后有权主张收回宅基地使用权的制度内涵，但是，对于集体成员为什么能

① 宋志红：《宅基地"三权分置"的法律内涵和制度设计》，《法学评论》2018 年第 4 期。

② 席志国：《民法典编纂视域中宅基地"三权分置"探究》，《行政管理改革》2018 年第 4 期。

够收回剩余权没有进行系统的论证。成员权说虽然看到宅基地分配阶段成员权的重要性，但认为宅基地分配完毕后，资格权就不复存在，则明显不符合法理，因为宅基地使用权人让渡宅基地权利后，还可以基于资格权索取剩余权。认为资格权就是原有宅基地使用权的主张，没有看到资格权本身的独特价值，其不仅是一种财产权，而且还具有居住保障权等属性。

笔者认为，上述观点之所以存在很大分歧，主要是没有将资格权放在我国农村集体特殊总有的关系中进行理解和论证。根据特殊总有关系的逻辑，资格权主要来源于集体共同体与集体成员的总有关系，并在财产权方面体现为集体所有与集体成员根据其成员资格，行使分配土地或使用土地的权利。宅基地集体所有权的形成有其历史和特定的社会原因，其主要有两个因素需要考虑，一是国家通过农业化运动将农户私人的宅基地收归集体所有；二是国家需要通过法律或制度来保障农户的居住保障权。因此，集体所有权形成和制度功能中本身就蕴含了集体成员的资格权，只不过在宅基地所有权和宅基地使用权二权分离的构架下，这种资格权更集中表现在宅基地使用权制度构建中。

事实上，集体和成员之间由于集体土地所有权的来源和利用问题形成了特殊的总有关系。那种认为资格权等同于宅基地使用权的观点，没有看到资格权背后更为深厚的总有关系的法理基础。剩余权说认为，宅基地使用权出让后，资格权人收回宅基地剩余权利的基础在于资格权，但是，这种学说的主张者没有看到这种资格权的来源基础却是这种特殊的总有关系。成员权说认为，资格权性质为成员权，并是宅基地所有权行使方式。这一观点有一定道理，看到了资格权的法权基础，但其将资格权仅仅定位于宅基地分配阶段，且将其性质仅仅界定为一种身份权，有失全面。这是因为，资格权始终围绕宅基地使用权而存在，与宅基地使用权形影不离，我国农村宅基地制度就是为了解决农村居民住房问题而存在的，其背后的法权基础还是农村集体特殊总有关系。与此同时，其将资格权本身判定为非财产权也有一定的问题，其实，资格权本身也具有财产权性质，这是因为原有集体成员通过让渡自己的私人宅基地所有权获得一种成员身份资格，并且国家又通过法律或政策来保障该权利在农村社会成员中的实现和落实；尤其是在社会转型时期，农村土地资源配置日益市场化，这种资格权本身就具有很强的资源性和缺失性，更为重要的是，其越来越"属于一种社会保障权和发展权"，[①] 越来越需要打破土地原有封闭性质并呈现向市场经营开放格局的转化。宅基地使用权说将宅基地使用权直接等同于资格权，没有看到宅基地使用权本身的其他的法律内涵，如其之上所蕴含的用益物权和租赁权等财产权的价值。

将资格权放在我国农村集体特殊的总有关系中来进行审视就会发现，资格权应体现在宅基地分配、使用、交易以及收回或处分等各个阶段。"这一次改革中出现的资格权，是农民集体成员享有通过分配、接受、共同共有等方式取得的宅基地权利"。[②] 宅基地资格权与宅基地权利存在密切联系，其是宅基地权利制度设定的基本性权利。这种基本性权利是与我国宅基地法律制度的形成和其所具有的独特制度功能和独特内涵等分不开的，具有很强的本土性和民族性。因此，在这个意义上而言，资格权既具有成员权等身份权要素，也具有分配

---

① 韩文龙、谢璐：《宅基地"三权分置"的权能困境与实现》，《农业经济问题》2018年第5期。

② 孙宪忠：《农村土地"三权分置"改革亟待入法》，《中国人大》2018年第15期。

权、利用权和剩余权等财产权要素，其应具备身份性权利和财产性权利双重性质。

（四）资格权的来源

宅基地资格权来源于所有权还是原有的宅基地使用权抑或集体成员权？对此，目前学界有不同的观点。一种观点认为，资格权来源于原有的宅基地使用权。有学者比较农地"三权分置"中承包经营权划分为承包权和经营权的模式，认为，"经营权是从承包经营权中派生出来的新的权利，同理，宅基地'三权'分置中的使用权应是从宅基地使用权中派生出来的新的权利""宅基地'三权'分置改革是要改变现有宅基地使用权制度运转不良的现实状况，通过新设的宅基地资格权和使用权取代原有的宅基地使用权，……宅基地使用权通过市场化的手段进行流转，实现土地的节约和集约利用"。[①]另一种观点认为，资格权来源于集体所有权和使用权。资格权"脱胎于现行的所有权和使用权，是在农村住房

---

① 程秀建：《宅基地资格权的权属定位与法律制度供给》，《政治与法律》2018 年第 8 期。

保障制度不健全的情况下，对宅基地住房保障功能在权利设置上的剥离与强化"。① 还有一种观点认为资格权来源于成员权，"资格权作为一种分配资格，本身不属于实体财产权利，无法和宅基地所有权、宅基地使用权等并列进入宅基地'三权分置'的权利结构"。②

笔者认为，宅基地资格权来源于特殊总有关系，而不是成员权。资格权来源于所有权或使用权，与这些财产权的性质截然不同，资格权其虽然具有财产权属性，但更为重要的是其还具备身份性或居住保障性的色彩。这也是传统宅基地使用权被人诟病为表面财产权、实质身份权的主要原因。③ 其在制度层面形成了特殊的总有关系，因此，将所有权和资格权的关系放在特殊总有理论来研究和审视，更能凸显资格权的内在法权价值。成员权是我国具有浓厚团体性或共同体性的农村集体的人格化要素，是集体财产共同所有和利用的主体性元素。

---

① 岳永兵：《宅基地"三权分置"：一个引入配给权的分析框架》，《中国国土资源经济》2018 年第 1 期。

② 宋志红：《宅基地"三权分置"的法律内涵和制度设计》，《法学评论》2018 年第 4 期。

③ 参见夏沁：《农村宅基地"三权分置"改革的立法实现》，《地方立法研究》2018 年第 4 期。

没有成员，就没有所谓的集体，就无法形成集体的财产权；相反，没有集体，成员身份也就无从谈起。两者相辅相成，不可分割，互为依托。① 成员权是集体成员根据集体规约和法律对集体财产所享有的共同所有和利用的一种身份权。或者说，集体团体性的制度设计，是为了更好地实现成员个人的财产权。在这个意义上说，成员权的设计，就是为了更好地保障集体土地以及集体资产，更好地为本集体成员所拥有和利用，并在此基础上更好保障其增值收益，促进集体财产和成员财产利益最大化。这其中有个需要检讨的问题是，集体成员权与资格权是一种什么关系。笔者认为，资格权是总有关系中为处理集体与成员关系的一种基本权利，其既包括对集体资产、资源、资本等"三资"集体所有与成员利用的关系处理，也包括非财产权关系的处理，如因集体成员养老、居住等问题的解决。资格权的范围和内容要高于成员权，从资格的认定，到资格的享有、资格权利的形式以及对于宅基地权利的剩余权的行使，都是资格权的内容，而成员权仅仅是判定其具有成员资格以后，享有

---

① 参见陈小君：《我国涉农民事权利入民法典物权编之思考》，《广东社会科学》2018 年第 1 期。

成员资格所获得的集体土地分配权、占有权和收益权等权利。因此，在这个意义上说，资格的享有并获得法律上的效力是获取成员权的基本依据，也是推进宅基地三权分置的重中之重。

三、 宅基地"三权分置"中使用权的应然理解

（一）宅基地使用权的与资格权的关系

有论者从宅基地取得阶段和交易阶段两个环节来判定宅基地使用权与资格权的关系。在取得环节，"落地前农户取得是资格权，在审批落地后，则转为宅基地使用权，或者说现有宅基地使用权人自动享有资格权，在保有阶段资格权和使用权合二为一"，在流转环节，"农户保留资格权，业主取得有期限的使用权"。[①] 笔者认为这种区分非常有必要，只是在宅基地取得阶段和流转阶段

---

① 钟和曦：《创设宅基地资格权亟待解决的三个问题》，《浙江国土资源》2018 年第 8 期。

所取得财产权的性质截然不同。这是因为，在取得阶段，集体成员获得的宅基地是基于资格（成员依据其身份或资格获取的宅基地使用权）获取宅基地永久性使用权（这实质上就是资格权）；在流转阶段，受让人是依据民事契约获取的宅基地有期限的使用权（这实质上是"三权分置"的使用权）。这里必然还要追问宅基地三权分置中的使用权的来源问题，即这种使用权是源于资格权还是所有权。对此不同的回答，所对应的制度设计也具有很大的差异。如果宅基地使用权源于所有权，那么资格权人通过契约来设定的使用权则必须经过所有权人即农村集体的同意；如果其使用权直接源于资格权，则新设定宅基地使用权就不需要所有权人的同意。就市场化改革的实践需求而言，我国宅基地集体所有与集体成员之间存在一种特殊总有关系，这就决定了宅基地使用权原则上应直接源于资格权，因为资格权也是通过总有关系获取的财产权。就权利的产生和归属而言，使用权最终源于所有权，但应遵循权利用尽原则，即只有资格权无法保护或救济使用权被侵害或使用权侵害所有权等情形时，所有权人方能行使所有权。换言之，原则上，其使用权源于资格权，而不是所有权，只有在例外的情形下，

才可诉诸所有权。① 第一，我国宅基地分配是在特殊的
总有关系中来进行设定的，这种总有关系的形成已经通
过集体对成员的资格认定；在交易阶段再让所有权人即
集体进行决定，就会重复。第二，虽然我国《物权法》
规定我国农村集体的代表为集体经济组织和村民委员会，
但现实中集体经济组织不健全、不完善，实质上在我国
部分地区是村委会代为管理，我国《土地管理法》也认
可这一状况。然而，事实上让农村集体决定是否同意宅
基地转让就等于赋于村委会负责人审批权。这会在事实
上为宅基地使用权市场化改革制造很多制度上的障碍。
第三，就资格权的本身功能而言，资格权是基于集体和
成员所形成的一种具有身份权和财产权双重属性的权利，
其主要是保障集体成员即农户的居住保障权的实现而进
行相关制度设计的，因此，法律授权各省市根据其数量
和质量等标准进行宅基地分配，超越相关标准，则一般
需要有偿使用。从这个意义上说，资格权的使用面积要
受到该权利自身的严格约束。由此引发的一个相关问题

---

①　有论者认为，资格权作为取得宅基地的资格，本来就是集体土
地所有权的当然含义。其实，这种判断没有错，但没有讲清楚为什么在
所有权和使用权之间要安置一个资格权。李凤章、赵杰：《农户宅基地资
格权的规范分析》，《行政管理改革》2018 年第 4 期。

是，当集体成员不需要使用宅基地，而将其转让给他人进行有偿使用，在法律上能否站得住脚。这需要将资格权再一次进行剥离，将其中的身份权进行保留，而将其财产权进行市场化，而这种使用权进一步分离的标志就是，宅基地使用权是有偿的（原则上）；有期限的和有法律的根据（民事契约等）。

（二）如何理解"三权分置"中的使用权内涵和性质

宅基地"三权分置"中使用权看似是一种相对独立并具有他物权特质的用益物权，其实不然，其不完全是物权法意义上的地上权，而是还具有有限的土地租赁权或法定租赁权的内涵，对此不能一概而论。我国宅基地"三权分置"中的使用权包括两种类型，一是集体成员根据其资格所享有的宅基地使用权；二是他人（包括集体成员和非集体成员）根据其与集体成员所达成的民事契约等法律事实所产生的使用权（基于民事契约等所获得宅基地使用权）。宅基地"三权分置"中的使用权，是指他人通过民事契约等法律事实所获取的使用权，而

不是指宅基地成员依据其身份资格获取的使用权，因为
集体成员依据其身份资格所获取的宅基地使用权天然地
被包括在资格权中。这是认识和解读宅基地"三权分
置"使用权的一个基本前提。然而，按照部分学者设计
的宅基地三权结构模式，宅基地使用权就是集体成员依
照其身份获取的一种兼具资格权和使用权双重属性的权
利，使用权就是一种按照地上权理论设置的一种用益物
权。这样极其容易在实践中产生混淆，带来很多的问
题。与其这样，还不如让资格权专门代替集体成员依据
其身份资格获取的宅基地使用权，让使用权专门指"基
于民事契约等所获得宅基地使用权"。这样不但能关照
到集体成员依据其身份资格所获取的宅基地使用权的总
有性质，而且能凸现"基于民事契约等所获得宅基地使
用权"的私权性质，从而更好地为推动试点改革提供明
确而有力的理论指导和支撑。

（三）宅基地"三权分置"中的使用权能否以
　　　地上权的性质直接设定在土地所有权上

地上权，是指"以在—受负担—土地地面上或地

面下，拥有建筑物为内容之可转让并可继承的权利"。①
这种制度源于古罗马法，其产生主要是为了对罗马法
中"地上物属于土地"这一添附原则的突破或修正，
以便解决在他人土地上拥有建筑物或其他工作物的问
题。后来德国民法典完全继受罗马法，将"作为地上
权设定或取得基础之债权契约，须符合民法典第 313
条之形式规定，而其设定行为本身，则须包括——非
要式的—物权合意与登记"。② 此即合意地上权。日本
法后来在特殊的情况下，又规定了法定地上权，即在
特定情况下可以基于法律直接规定产生地上权。然而，
不管是意定地上权还是法定地上权，都是为了解决建
筑物存在需要以什么样的一个权利为基础，既然土地
所有权无法成为建筑物所有权的紧密伙伴，那么就在
所有权之外，给所有权设定一个负担性的用益物权，
即设置地上权来与建筑物所有权进行衔接。这样做的
法理在于，在他人土地上建造的建筑物的权利可以与
地上权捆绑在一起，以便为持续拥有、交易和流转建

① ［德］鲍尔·施蒂尔纳：《德国物权法（上册）》，法律出版社
2004 年版，第 648 页。

② ［德］鲍尔·施蒂尔纳：《德国物权法（上册）》，法律出版社
2004 年版，第 651 页。

筑物提供法权基础，同时，又不危害土地的所有权。这在以房地一体主义为立法原则的国家，更凸显其法权意义。我国集体土地使用权较为特殊，其主体的团体性和团体成员共享所有权，无法在集体土地所有权上设置现代物权法意义上的地上权。这是因为集体土地财产权更多承担了社会保障意义上的公法负担——保持耕地占补平衡、粮食安全、集体救助、集体资产保值增值等。尤其是所有权无法为集体成员个体所行使的背景下，只能以资格权为基础来进行宅基地使用权的分配和享有。在这个意义上，资格权本身也包括了集体成员基于身份获取的宅基地使用权。与此同时，因为集体是一个团体范畴，其所有权是全体集体成员总有，所以作为非集体成员在集体总有的土地上设置地上权，无法促使建筑物和集体所有权进行有效分离，他人就无法在集体土地所有权上设置地上权。再加上我国《宪法》《土地管理法》和《物权法》明确规定禁止集体土地所有权上市交易，就导致集体土地上建筑物无法有效地从法律上进行分离而形成独立的法权，而只能被集体土地所有权所吸附，最终导致该建筑物无法上市交易，相关市场也无法有效形成。

（四）原有宅基地使用权上能否设置地上权

原有的宅基地使用权上能否直接设置地上权，以便既能在法律上解决建筑物所有人持续拥有、交易和流转建筑物难题，又不危害所有权人？答案也是否定的。这是因为，主张在传统的宅基地使用权上再设置地上权的论者，没有看到原有宅基地使用权特有的属性。一是原有宅基地使用权是在我国农村集体特定的环境下形成的一种总有关系，且在这种关系中，成员身份资格是获取集体宅基地使用权的关键，在这种关系中身份资格先于宅基地使用，并主导宅基地使用权的分配。二是宅基地使用权与农地的承包经营权功能一样，因为其承担更多的保障集体成员生活和生产等方面的社会保障等公共职能，因此无法在其上直接设定用益物权，只能对原有的二元权利架构再次进行改革与探索，即在承认宅基地集体"总有"的关系下，对集体成员宅基地利用权正确定性，并在此基础上，还原集体成员宅基地使用权的集体成员资格权内涵。这一点，原有的农村宅基地使用权的权利属性与国有土地使用权相比，具有很大差异。我国

国有土地使用权是建立在统一的国有土地所有权之上
的，其并不像农村土地那样背负着农村社会的居住权、
社会保障权以及复杂的社会治理成本，在国有土地所有
权上直接设置用益物权没有什么障碍。我国农村宅基地
使用权则不具有这方面的功能和优势。这也是当前农村
宅基地使用权无法被有效开发和利用的主要原因。

（五）设置在宅基地"三权分置"中的
资格权之上使用权的性质

传统意义上地上权是建立在所有权基础之上的，在
目前我国土地集体所有制的宪法规定以及政治制度下，
是否可以将宅基地使用权所蕴含的资格权相对独立出
来，成为设置地上权的基础呢？答案是肯定的。从现有
的试点和相关政策性文件的规定来看，借助集体成员的
资格权来设置地上权，并没有明确其一定就是地上权。
对此，学界基本上有以下几种观点。一种观点主张以地
上权的理论来解释"三权分置"中的使用权性质，即在
宅基地使用权上再设定具有用益物权性质的地上权。在
此基础上，设置具有使用期限的地上权（席志国副教授

称之为使用权并设定为最长期限为 50 年，刘锐教授称之为建设用地使用权，并将其使用期限设定为 5 年至 40 年）来限制原来宅基地使用权，以便推动宅基地上市交易或流转。① 另一种观点认为，解决这种房屋和土地权利冲突应秉持法定租赁权立场，即当非集体成员在集体成员的宅基地使用权上设置建筑物时，应适用法定租赁权，但这种权利区别于普通租赁权之处在于是否登记，如果到法定部门进行登记，就是法定租赁权，如果没有登记，就是普通租赁权。该论者认为其原则上应为法定租赁权，以便更好地保障租赁权人的土地等不动产利益。② 还有一种观点认为，应该准确把握 2018 年中央 1 号文件指出的"适度放活宅基地和农民房屋使用权"的精神，其应理解为是对非集体成员的宅基地租赁权、抵押权或入股权。这种租赁权，按照该论者的设计乃是普通的宅基地租赁权。③ 笔者认为，上述三种情

①　参见刘锐：《乡村振兴战略框架下的宅基地制度改革》，《理论与改革》2018 年第 3 期；席志国：《民法典编纂视域中宅基地"三权分置"探究》，《行政管理改革》2018 年第 4 期。

②　参见陈小君：《我国涉农民事权利入民法典物权编之思考》，《广东社会科学》2018 年第 1 期。

③　董祚继：《"三权分置"——农村宅基地制度的重大创新》，《中国土地》2018 年第 3 期。

况在宅基地"三权分置"的复杂多样的制度性实践中或多或少地存在，对此，应照顾实践的多样性和丰富性，不应"一刀切"地将它们均定性为地上权。这样能照顾到农村社会对于不动产物权登记的习惯认识。对此可以参考承包地三权分置的实践。党的十八大以后，尤其是党的十八届三中全会以后，我国农村在坚持土地所有权属于集体所有以及土地承包经营权归属农户或集体成员的前提下，试行将承包权和经营权分开，禁止土地承包权转让，将土地经营权放开，所得收益归农户或集体成员。在此种制度改革与探索过程中，对于承包地的经营权到底是物权的性质还是债权的性质争论较为激烈，至今还没有定论。"一刀切"的定性，未必能保护好农民的利益。例如，规定经营权为用益物权，会因为物权的稳定性和更改的难度，导致一些地方的物权性承包地经营合同一方当事人的土地经营者违约，反而不利于对承包权人的利益保护。如果将承包地经营合同定为债权性合同，可能在某些情形下更有助于保护承包权人的利益。其中的关键，还要根据不同的情况来设定不同性质的权利。

四、"三权分置"资格权和使用权
制度构造的思路

席志国教授认为，在宅基地"三权分置"制度构造中，可以从宅基地所有权中分离的资格权和使用权的权利构造模式有如下三种可能性。"一是将原来的宅基地使用权拆分成两项独立的权利，分别为资格权与使用权。二是取消原有的宅基地使用权，重新设计两项全新的权利—资格权与使用权。三是在维持原有的'宅基地使用权'的基础上，再创设一个新的权利"。① 席志国教授坚持第三种方案，其核心观点就是原有的宅基地使用权更多地承担了对集体成员的社会保障功能，因此，不宜直接将其设定为地上权，但是可以通过权利再次分离的方式，在原有的宅基地使用权上设定地上权。笔者认为，宅基地使用权看似是一种相对独立并具有他物权特点的用益物权，其实质不完全是物权法意义上的地上

---

① 席志国：《民法典编纂视域中宅基地"三权分置"探究》，《行政管理改革》2018 年第 4 期。

权，还可以是土地租赁权或法定租赁权。应取消原有的
宅基地使用权，重新设计两项全新的权利即资格权与使
用权。这种设计较契合我国宅基地"三权分置"具体的
事实关系和实践特点，也较容易被我国农村集体成员接
受和认可。

（一）宅基地资格权制度设计

宅基地资格权具有独特的制度价值，应与原宅基
地使用权区分。席志国教授指出："原来的宅基地使用
权的获得需要其权利人具有村民资格，……那么使用
权是否指宅基地使用权呢？笔者认为，答案应当是否
定的。因为如果该使用权即为原来的'宅基地使用
权'，该使用权也同样不能进入市场进行自由流通，这
完全违背了实现宅基地'三权分置'的目标。如果该
使用权仍然是原来的宅基地使用权，可以通过修改法
律允许其自由流通，提出'三权分置'的意义和价值
也就不存在了。"① 他将原有的宅基地使用权简单定位

---

① 席志国：《民法典编纂视域中宅基地"三权分置"探究》，《行政
管理改革》2018 年第 4 期。

于类所有权等独特价值的权利属性，的确看到了问题，但没有看到原来的宅基地使用权背后宅基地集体总有关系的特殊性。换言之，他对原有宅基地使用权为什么无法上市交易等背后的原因分析过于简单化，不利于重新构建宅基地三权模式。这里需要注意的是，原有宅基地使用权，不仅是在总有关系中的宅基地使用权，而且集体成员依据资格获取使用权，其来源是集体成员的身份和集体成员资格。因此，在这个意义上，资格权完全可以涵盖集体成员依据其集体成员身份资格获取宅基地使用权的全部内涵，而不用再画蛇添足地使用原有的宅基地使用权概念，以免与"基于民事契约等所获得宅基地使用权"相混淆。

与此同时，也应看到，资格权并不仅仅是一种资格，其本质上是集体成员依据总有关系获取本集体一定标准面积宅基地的一种权利，而不是有学者所说的是一种权利能力。将资格权定位于权利能力的论断有失偏颇，而应将其定位为基于成员的身份获取宅基地的一种权利。

1. 宅基地资格权应在特殊总有关系中进行综合判断。对于如何判断集体成员的资格，有论者总结出以下四种标准，一是户籍标准，二是生活来源标准，三是权利义务标准，四是系统分析说标准，即以成员权理论为基础，将生产、生活条件，结合户籍登记等作为认定集体经济组织成员资格的标准。① 笔者认为，上述标准固然重要，但是并没有解决由谁来认定和通过什么程序来认定以及对认定的结果有异议如何救济等问题。实践中，关于这些认定的相关规定非常繁杂且不统一，如有的地方规定认定主体应由集体成员通过多数决来进行认定，有的地方认为关于成员资格的认定不应由集体或集体成员来认定，而应交给乡镇人民政府；有的地方则直接将认定主体定为本地区的法院。② 这样，就形成了农业部门、基层政府和相关法院等主体，按照谁制定相关文件谁就有权认定集体成员资格。笔者认为，集体成员的资格权的认定应属于村集体成员的权利，原则上应采用多数决的原则，同时，为了公正公平，必须赋予相关异议者撤销权。集体成员的资格权涉及集体土地和非土

---

① 参见程秀建：《宅基地资格权的权属定位与法律制度供给》，《政治与法律》2018 年第 8 期。

② 参见《2010 年邢台市中级人民法院关于审理农村集体经济组织收益分配纠纷案件若干问题的意见》（2010 年 9 月 10 日发布），http：//xtzy. hebeicourt. gou. cn/public/detail. php？id＝207，2018 年 8 月 15 日访问。

地资源的根本利益的分配问题，其本质上是一种民事基本法律制度，按照我国《立法法》第8条规定，民事基本制度只能制定法律。因此，全国人大就这一根本性问题应该尽快制定相关规范。在法律没有出台的背景下，应将资格认定权赋予集体经济组织，通过多数决的方式来加以认定，对于认定结果有异议的，可以申请法院撤销。

2. 对于资格权的判断标准，就是成员根据其身份资格获取宅基地使用权。这是总有关系的最根本、最确切的内容。脱离总有关系，来谈成员资格权在成员宅基地使用权的分配、使用、收益、处分的权能，既不可能，也不现实。因此，笔者认为宅基地资格权的认定，应充分考虑我国农村集体所有制中特殊总有关系的特点，按照宅基地总有的关系，重新结合我国农村集体土地改革实践进行综合判断，而不是按照单一标准进行。

宅基地资格权应进行登记并可以虚拟化资格权作为农村集体特殊总有关系派生出来的一种兼具人身权和财产权性质的权利。其在法律上应予以明确并进行登记。宅基地资格权的登记，"为进一步推进宅基地使用权流转奠定了基础"。① 宅基地资格权登记应包括集体成员的身份信息、申请时户内人口及其宅基地使用面积、宅基地上构筑房屋及其他附属物的基本情况等。

3. 从本次宅基地"三权分置"改革的内容来看，宅基地资格权可以虚拟化分配。也就是说，其可以不具体到宅基地实地，可以以权利证书或权利凭证等方式来进行确权。如江西余江县对退出宅基地的村民保留宅基地配置资格权，即按照配置权利而不配置实物的方式进行宅基地退出的制度设计。② 有的地方为了鼓励宅基地资格权人退出使用权，允许在保留其资格权的基础上，农户暂时不使用宅基地的时候，可将唯一宅基地退还给集体或进行使用权交易；退还给集体的农户，将来需要建房时，可依据其资格权再次申请获得宅基地；③ 进行市场化交易的，可以基于资格权获得宅基地使用权的剩余权的收回权。④ 还有的

---

① 程秀建：《宅基地资格权的权属定位与法律制度供给》，《政治与法律》2018 年第 8 期。

② 参见高海：《宅基地使用权继承：案例解析与立法构造》，《东方法学》2018 年第 5 期。

③ 孙宪忠：《农村土地"三权分置"改革亟待入法》，《中国人大》2018 年第 8 期。

④ 李凤章、赵杰：《农户宅基地资格权的规范分析》，《行政管理改革》2018 年第 4 期。

地方尝试"以地保障、以钱保障、以房保障"相结合的多种宅基地实现形式。[①] 这种宅基地资格权虚拟化设置为激励农村宅基地使用权市场化流转提供了制度基础。

（二）"三权分置"中宅基地使用权制度的构建

对于使用权而言，由于将宅基地资格权界定为集体成员根据其成员资格在总有关系中享有的一定标准宅基地使用权，在资格权之上再设定使用权就具备了相应的法权基础。资格权就是集体成员依据其成员的身份资格获取的宅基地使用权，在这种权利上设定的使用权有以下独特内涵。一是使用权主体较为明确和具体，即在资格权上设定的使用权人主体原则上为本集体成员，其权利源于成员的身份资格，源于特殊总有关系。二是权利内涵较为清楚和明确，不容易发生混淆。在集体成员资格权上再设定的使用权，具有强烈的市场化特征，其民法上私人权利属性表现得较为集中。同时，作为"三权

---

① 郑金龙：《浙江桐庐：释放宅基地制度改革政策红利》，《浙江国土资源》2018 年第 8 期。

分置"框架下的宅基地使用权制度有以下方面需要进行
具体设计。

1. 资格权人设置使用权是否要经过所有人即集体
的同意

对此，学界相关研究认为，资格权人设置使用权要
经过所有权人的同意。"经集体经济组织同意，农户的
宅基地使用权有偿有期限流转给集体经济组织外部人
员，农户本身则保留宅基地的资格权，待流转期限届满
或者经营业主发生违约行为时收回使用权"。[①] 笔者认
为，在资格权已经确权登记的基础上，宅基地资格权人
设定使用权需要经过村集体或集体经济组织的同意，有
违"三权分置"制度试点使用权市场化改革的初衷。尤
其是在我国农村集体与成员所形成特殊的总有制度的背
景下，在农村宅基地资格权已经登记明确的前提下，推
动使用权上市流转应不需要经过集体或集体经济组织的
同意，只要进行相应的备案即可。与此同时，集体或集
体经济组织应按照乡村规划和土地用途管制等规定对交
易后的宅基地使用和用途进行监督和管理。

---

① 钟和曦：《创设宅基地资格权亟待解决的三个问题》，《浙江国土
资源》2018 年第 8 期。

2. 宅基地使用权的权利性质

对于设置在宅基地资格权之上的使用权，笔者认为其可以是一种私法意义的用益物权，也可能是一种具有物权性质的债权或单纯的债权。对此，有论者将这种使用权一定界定为地上权，则存在使用西方大陆法系意义的用益物权来僵化解读我国宅基地"三权分置"中使用权的嫌疑，而且其所界定的我国宅基地地上权内涵也不是很准确，其认为即"由宅基地使用权人或者国有土地使用权人为他人设定的在一定期限内以建造和保有建筑物为目的的排他使用土地的权利"。① 因为原有宅基地使用权人（成员依据其身份或资格获取的宅基地使用权）为他人（"基于民事契约等所获得宅基地使用权"）设定的使用权也是宅基地使用权，两者容易混淆。宅基地"三权分置"中使用权（"基于民事契约等所获得宅基地使用权"）私权的属性表现得较为明显。宅基地资格权（成员依据其身份或资格获取的宅基地使用权）是一种农村社会福利性质的权利，其具有法律上和政治上的公共福利因素，并承担着农村社会的社会保障功能。在资格权之上设定的使用权，就是一种

① 席志国：《民法典编纂视域中宅基地三权分置探究》，《行政管理改革》2018 年第 4 期。

基于财产权市场化的私权，其政治功能和社会保障功能已被资格权所吸收。因此，这是完全符合党的十八届三中全会在《中共中央关于全面深化改革若干重大问题的决定》提出的"保障农户宅基地用益物权，改革完善农户宅基地制度，选择若干试点，慎重稳妥推进农民住房财产权抵押、担保、转让，探索农民增加财产性收入渠道"的改革思路的。对此，有研究者坦言："新增的'资格权'是未来顶层设计的热点领域。资格权的引入，极大缓解了农地产权与商业资本之间的矛盾，使得农民在自身特殊身份不丧失的同时，获得了基本生产生活元素入市流通的便捷渠道。"① 因此，在这个意义上而言，笔者认为宅基地"三权分置"中的使用权功能具有强烈的私权属性，但其设定的基础和前提不是宅基地使用权，而是基于特殊总有关系中的宅基地资格权即集体成员依据其身份资格获取的宅基地使用权。

3. 宅基地"三权分置"中使用权市场化过程中需要解决制度上的障碍

当前，宅基地"三权分置"中使用权主要解决以下

----

① 王洋：《农村宅基地三权分置背景与价值体系再平衡》，《农村经济与科技》2018 年第 6 期。

两个问题。一是宅基地上所建造的建筑物或构筑物与资格权（成员依据其身份或资格获取的宅基地使用权）分离导致的权利冲突问题，即建筑物或构筑物所有权人本来有资格权（成员依据其身份或资格获取的宅基地使用权），但由于客观情况的变化（如继承、身份变化、家庭成员的变少等）导致资格权（成员依据其身份或资格获取的宅基地使用权）变更引发的权利冲突问题。二是运用宅基地"三权分置"中的使用权，促进农民宅基地资格权财产权化和农民住房财产权抵押、担保、转让，以拓展农民增加财产性收入渠道。

4. 对于历史遗留问题所导致的宅基地上的房屋所有权

与宅基地资格权的丧失所带来的权利冲突问题，依然可以运用"三权分置"的使用权进行解决。对此，有学者认为应设定地上权来解决，也有学者认为应设定法定租赁权来解决等等。虽然这些进路在保障的力度上或法律性质上有所差异，但有一点上却是共同的，即只要建筑物所有权存在，就应该保障建筑物所有人对其建筑物所附属的宅基地使用权合法性和正当性。在此前提下再区分不同历史情况确定具体处理规则。

一是既有建筑物建造时基于的资格权（成员依据其身份或资格获取的宅基地使用权），后来因为客观情况的变化，成员人数的减少，成员宅基地面积应相应减少，但事实上宅基地面积没有减少，或还出现了宅基地面积增加的情况，对此，应根据资格权（成员依据其身份或资格获取的宅基地使用权）的变化，对此进行调整，对于符合资格权（成员依据其身份或资格获取的宅基地使用权）数量要求的，按照资格权属性，对其建筑物等进行定性，不必设置地上权，也不必设置法定租赁权。对于不符合资格权（成员依据其身份或资格获取的宅基地使用权）数量要求即超标准使用的宅基地，则应按照地上权或法定租赁权的要求，合法保障因成员资格权变迁所导致的房地权利冲突问题。在这里，可以看出两种情形，即基于成员资格的超标准使用权期限应是不确定的，主要是依据建筑物的存在寿命而定，建筑物基于村庄改建、重建或其他非人为因素毁损的，其使用权期限依毁损日期确定。

二是既有建筑物建造时基于的资格权（成员依据其身份或资格获取的宅基地使用权），后来因为客观情况的变化，成员资格权不复存在，但事实上宅基地的使用面积没有减少,对此也应在尊重建筑物所有权的基础上,为其设定地上权或法定租赁权,使用期限也是建筑物的寿命,直到建筑物毁损灭失后,再将其使用权收回。除非由于村庄改建、重建或其他非人为因素毁损的,其使用权期限依毁损日期确定。这种思路的基础是,建筑物所有权有其合法的来源和基础,应在充分尊重建筑物所有权的基础上设置相应的宅基地使用权。然而,这种使用权是有偿的、有期限的,其是基于民事契约或继承等法律事实进行设定的。这体现最大程度保护农村社会房地财产权原则。

三是既有建筑物建造时,不是基于资格权(成员依据其身份或资格获取的宅基地使用权),而是基于民事契约等所获得宅基地使用权的,只要不存在违反村庄规划和土地用途管制的情况,就应尊重这种基于契约的财产权。至于使用期限,当事人可以约定。当事人没有约定或约定不成的,可以由当事人再次协商确定,如果还无法确定的,可以由司法机关裁判。司法机关处理此类纠纷应主要审查纠纷解决时或实施建筑行为时有无资格权以及是否应具有资格权等因素,如果应有资格权,则按照第一种情况来处理。如果不应该有资格权,应按照民事契约的约定来处理，但不得违反法律、行政法规的强制性规定。其使用期限最长可参照宅基地使用土地用途和土地性质确定，但不宜超过国有建设用地使用权最长期限。

对于宅基地市场化问题的解决，主要应在保障农村集体成员的居住的前提下，将剩余的闲置的宅基地及其房屋向非集体成员租赁、抵押、入股等，以便推进宅基地使用权上市流转。这里也应区分不同情况设具体规则。对于长期稳定经营的建筑物，当事人可以通过设定物权方式，进行登记，以便使得这种不动产的用益物权更为稳定和持续，进而设定较长的使用期限。我国《城镇国有土地使用权出让和转让暂行条例》第12条规定，商业、旅游、娱乐用地使用权出让最高年限为40年，仓储用地为50年，考虑到当前宅基地对非集体成员的出租主要是用于商业、旅游、娱乐等用途，国家对于宅基地是禁止从事房地产开发的，其设定期限不宜超过40年，当然，如果租赁宅基地为综合用地或属于教育、科技、文化、卫生、体育等方面的使用，则其期限参照国有土地使用权出让，最长不宜超过50年。具体期限应由当事人进行商定，但最长不宜超过国有土地使用权的期限。

对于当事人短期租赁宅基地进行商业、旅游、娱乐等用途的，只要符合村庄规划和土地用途管制等要求，当事人也可以设定相应的债权，以便更好地从事经营活动。为保障双方当事人合法权益，这种租赁权应比照住房租赁合同，最长期限不宜超过 20 年，超过 20 年的，为不定期合同。

结　　论

对于宅基地"三权分置"中资格权和使用权性质的认识，需要依靠具体法律关系；每种法律关系的性质不同，相应的宅基地权利的设置期限也具有巨大差异。集体成员依据其成员资格获取宅基地的永久性使用权，并赋予集体成员类所有权的权利性质，其法理基础在于特殊"总有"理论。对于集体成员再将宅基地使用权通过民事契约等法律行为转让给其他人，不应该具有身份限制，并且这种在集体成员的资格权之上再设定的权利的性质，可以将其设定为具有物权性质的用益物权，其法理基础是地上权理论。考虑到我国特有的实际情况，宅基地使用权可以定性为租赁权，当事人计划长期经营并相对稳定从事经营的，可以设定法定租赁权和地上权，但必须要办理登记手续。为了更好地发挥宅基地使用权财产价值功能，以及更好地与城市国有土地使用权的制度衔接，应根据宅基地三权分置中宅基地使用权具体用途和土地使用性质，来确定或设置宅基地使用权的最长年限。

第三章　宅基地"三权分置"理论建构的平行借鉴

——土地经营权物权化规则的构建路径

对在宅基地"三权分置"的研究过程中，承包地中的土地经营权研究同样应当得到关注和研究。一方面，两者在理论建构上具有一定的共通之处。土地经营权也是一种新型权利，同样面临着融入到私法体系中的重要任务。另一方面，宅基地和承包地的改革属于乡村振兴背景下的两大抓手。两者在实践层面都有着近似的需求，需要在理论上统一把握。特别是在学理上，土地经营权的建构路径能够为"三权分置"的理论建构提供借鉴思路。

一、 土地经营权研究的学说争议

土地经营权作为一种新型权利，其进入农地承包法具有特定的实践诉求。应在把握其准确的内涵、权利本质和制度功能的基础上，寻求其在民法典物权编中的准确定位，继而实现其与民法典物权编的整体衔接。当前学界主要关注土地经营权入典后的权利私法生成机制、① 权利性质、② 权利结构、③ 权利内涵④以及权利处分或权利负担⑤等方面，却少有学者讨论物权化规则构建路径问题。为此，本书主要尝试回答这一基础性命

① 参见单平基：《〈民法典物权编（草案）〉之土地承包经营权的评析和完善》，《山东社会科学》2019 年第 2 期。
② 参见孙宪忠：《推进我国农村土地权利制度改革若干问题的思考》，《比较法研究》2018 年第 1 期；王利明：《我国民法典物权编的修改与完善》，《清华法学》2018 年第 2 期。
③ 参见高圣平：《论农村土地权利结构的重构——以〈农村土地承包法〉的修改为中心》，《法学》2018 年第 2 期。
④ 参见耿卓：《农地三权分置改革中土地经营权的法理反思与制度回应》，《法学家》2017 年第 5 期。
⑤ 参见焦富民：《三权分置视阈下承包土地的经营权抵押制度之建构》，《政法论坛》2016 年第 5 期。

题：如何在坚持物权法定的基本前提下，在民法典物权编中设定土地经营权规则？对此，学界总共存在两种思路：一是按照旧有的路径，把主要条款照搬至民法典物权编。如 2007 年《物权法》直接照搬 2003 年施行的农地承包法内容，即"新法（农地承包法－引者加）中'三权分置'的规定……可能被直接搬进民法典物权编。"① 这种立法模式基本上属于偷懒型的立法，不符合民法典编纂的体系化和逻辑化的要求。② 二是从物权法原理出发，对土地经营权进行提炼和概括，并在此基础上进行创造性转化，从而推进土地经营权进入民法典物权编，达到土地经营权的物权法定之效果。笔者认为，从物权编编纂的角度分析，后一种思路较为科学和合理。在土地经营权物权法规则构建的问题上，首先应梳理土地经营权的概念，界定土地经营权的不同设立方式，然后再根据土地经营权的性质来具体设定物权法

---

① 高海：《"三权"分置的法构造》，《南京农业大学学报（社会科学版）》2019 年第 1 期。

② 有论者认为体系化主要是从司法、执法角度而言的，不能从立法的角度来讨论体系化，对此笔者不敢苟同，立法的体系化恰恰是司法、执法体系化的前提和基础。参见陈金钊：《开放"法律体系"的方法论意义》，《国家检察官学院学报》2018 年第 3 期。

规则。

二、 权利内涵：土地经营权的概念解析

本次新修订的农地承包法体现出土地经营权的多元内涵，且主要表现在通过权利生成方式中，土地经营权的权利性质和权利内容有所区别。

（一）承包经营权人自己保留或设立
土地经营权

这种方式为承包经营权人自己保留或设立土地经营权，即土地承包经营权人可通过权利设定负担或处分的方式在承包经营的土地上设立土地经营权，也可通过保留土地经营权的方式来自己耕种。农地承包法第9条规定："土地承包经营权人行使土地承包经营权的方式，既可以自己进行经营，也可以为他人设定土地经营权，自己保留土地承包权。"从该条规定来看，土地承包经营权人可以为他人设定土地经营权，这其中包括抵押、

流转和以其他方式等。为他人设定土地经营权后土地承包经营权拆分出两个权利：一是具有市场化、去身份性质的经营权；二是保留以集体成员的身份获取承包土地的资格和为他人设立土地经营权的对价——收益权。从权利行使的角度而言，可自营；也可通过设定对价方式为他人设定权利。

关键在于通过什么样的方式设立土地经营权，是否仅仅是流转这种方式来设立？这在学界存在很大争议。例如高海教授认为，流转可能是家庭土地承包经营权分置土地经营权的唯一方式。[①] 甚至有论者认为："由承包经营权分离出经营权只发生在以出租方式流转的场合。"[②] 笔者认为，这种解读方式过于狭窄、土地经营权可以通过出租（转包）、入股方式设立，也可以通过出让、抵押等方式设立。

从土地经营权设定的负担而言，农地承包法第47条规定了两种土地经营权的融资担保方式：一种方式是承包方可以用承包地的土地经营权向金融机构融资担

---

① 高海：《"三权"分置的法构造》，《南京农业大学学报（社会科学版）》2019年第1期。

② 韩松：《论民法典物权编对土地承包经营权的规定》，《清华法学》2018年第5期。

保,并向发包方备案;另一种方式是受让方通过流转取得土地经营权,经承包方同意并向发包方备案,可以向金融机构融资担保。此次农地承包法修改明确了以土地经营权而非土地承包经营权进行融资担保,给仅保留承包权的原土地承包经营权人吃了定心丸,也促进了土地经营权流转的市场化发展。可惜的是,"鉴于实践中抵押担保融资的情况复杂,操作方式多样,加之各方面对土地经营权的性质认识分歧较大",① 这次修改使用了"融资担保"的概念,并未明确具体融资担保方式,留待后续立法完善。

(二)通过流转来分置土地经营权

第二种方式是保留承包权,流转其经营权。"流转"并非传统意义上的法学概念,本次立法对"流转"的具体方式进行了科学界定和目的性限缩,允许土地承包经营权人通过转让、互换的方式处分该权利,土地经营权可以运用出租(转包)、入股或者其他方式完成流转。

① 刘振伟在第十二届全国人民代表大会常务委员会第三十次会议《关于〈中华人民共和国农村土地承包法修正案(草案)〉的说明》。

就出租（转包）的流转方式而言，实际上是承包方和受让方之间通过土地租赁合同实现流转目的，该合同为受让方设定了土地租赁权这一债权，因此，学理上出租（转包）方式为土地使用权的债权性流转方式，有些学者认为转包、出租等流转就是土地租赁权的设立手段，或者将其归类为土地租赁权范畴。笔者认为："在'三权分置'下，将转包、出租等债权性流转方式按照其法律关系之本质统一归位到'土地租赁'下，并统一以'土地租赁权'命名之，从而形成'物权属性土地经营权—债权属性土地租赁权'并行的农地流转权利格局。"① 这一判断抓住了当前的问题。但是，将所有的转包、出租等方式归入至土地租赁权，继而全部纳入债法调整范围，未考虑该权利的期限和登记等要件，存在以偏概全之嫌。土地租赁权的租赁期在土地承包经营权期限范围内由当事人自由选择长短，短期租赁中交易便捷的合同目的更为突出，无需另行完成登记程序更符合当事人诉求；而长期租赁合同更注重交易安全，需要通过登记的公示方法透明法律关系，降低交易成本，维护

---

① 宋志红：《三权分置下土地流转权利体系重构研究》，《中国法学》2018 年第 4 期。

土地经营权流转的市场秩序。对于以出租（转包）方式流转设立土地经营权的情形，应该是区分"短期的具有债权性质的租赁权（如临时借用）"和"长期的、稳定的具有登记要件的经营权（如长期经营或使用）"，后者如果具备登记和长期稳定等要素，可以把其看作具有物权特点的土地经营权，从而纳入物权编中的土地经营权规则体系来加以调整。

（三）其他承包方式获得土地经营权

第三种方式是农地承包法第 49 条关于四荒地的土地经营权设定问题，由于四荒地承包不限于本集体成员内部，不涉及土承包经营权中资格权即承包权这一权利内容，在实践中这类土地承包经营权的取得和流转与家庭承包地上的土地经营权别无二致，可以省去土地承包经营权这一权利生成的中间环节。具体而言，因此采用"其他方式的承包"，直接通过承包方式对承包地所有权进行限制，进而形成土地经营权。需要注意的是，将这种土地经营权作为用益物权来对待在立法上并没有障碍，农地承包法也规定该土地经营权经登记可出租、入股、抵押或者其他方式流转（第 53 条）。在后续立法中，出租情形的规则可以参照家庭承包地上的土地经营权作类型化区分。

对于土地经营权在权利生成上的三种方式，前两种是在家庭承包中进行的，且体现三权分置的主要改革思路，第三种则是因为以四荒地为规范对象，因此无需负担保障集体成员的生存权利，可以在立法上予以简化，采用两权分置的立法模式。在不同的权利生成方式中，土地经营权的权利内容和权利性质具有较大差异。承包经营权人自己保留或设立的土地经营权，或四荒地在承包地所有权基础上直接设定或创立的土地经营权，具有更多用益物权的属性；而对于因流转而分置出来的土地经营权，实践经验最为丰富的租赁情形尽管较多地体现为一种土地租赁权的性质，但这种情况也需要进一步细分：对于已经登记且具有长期稳定性的权利属性，可以作为具有物权特点的土地经营权来对待，纳入民法典中来进行调整；而对于"短期的具有债权性质的租赁权（如临时借用）"，则由合同法来进行调整。

三、 物权定位：土地经营权
入编的性质基础

土地经营权性质，不仅关系权利体系构建的问题，更重要的是对于土地经营权相关规则的设计具有决定性的影响。新修订的农地承包法，首次将三权分置制度和土地经营权纳入立法体系，是农村土地制度改革的重大突破。然而，非常遗憾的是，该法并未明确土地经营权的权利性质。如何在物权编中设计具体的土地经营权规则，其前提和关键就是要准确明晰土地经营权的性质，夯实三权分置制度建构的基石。

在农地集体所有制度不变的情况下，学界对于承包经营权与经营权分置的研讨较多，特别是土地经营权的性质以及与土地承包经营权的关系问题，争议颇大。从总体上而言，有英美法系的权利束理论和大陆法系的用益物权理论。就权利束理论而言，该理论来源于制度经济学，并认为：财产权应对传统的人对物绝对支配关系进行反思，应注重基于物之上的有限个权利主体之间的关系；在此基础上否定人对物干预的正当性基础；同一财产上不断附加集体产权、国家产权，使之成为一种财产权利集合。① 这一理论应用最为广泛的方面是土地"权利束"，这一束权利包括了土地的所有权、用益物权、担保权以及相邻关系权。在这束权利中不仅涵盖了权利主体的多元化，也包含了权利类型的多样化。

但是，本书认为权利束理论无法有效解释我国农地"三权"分置问题。其主要理由如下：一是从该理论的形成背景来看，权利束理论主要是美国现实主义法学来否定传统私法教义学自洽性和现在财产权相对独立性而兴起的一种理论。② 尽管国家公权力在私法发展中发挥着巨大作用，但近代私法发展史表明，公权力是承认和尊重私法具有相对性前提下进行财产权分割的。因此，用这一理论来解释我国土地经营权的进一步分置不符合其自我独立化的改革趋势。二是从该理论的基本内涵来看，将财产权描述为"权利束"可以有效地扩充财产权

---

① 参见梅夏英：《民法上"所有权"概念的两个隐喻及其解读——兼论财产权法律关系的构建》，《中国人民大学学报》2002年第1期。

② 参见熊丙万：《实用主义能走多远？——美国财产法学引领的私法新思维》，《清华法学》2018年第1期。

的概念，但是其前提是认可集体与政府对财产权的干预。这种逻辑在我国农村集体土地上应该保持一种警惕。其危险是"一个高度弹性的财产权机制将赋予权威决策机构肆意干涉个人财产安全和自由的口舌，损及法治的稳定性和可预期性，违背了'有恒产者有恒心'这样的人类常识"。① 三是，从未来的发展趋势而言，权利束理论由于其致命的弱点，②其发展趋势不断式微，并被"财产权模块化"理论所取代。③ 因此，笔者认为权利束理论不适合我国农地三权分置的制度实践，尤其是其无法对土地经营权性质确定提供理论基础。

从大陆法系的用益物权理论来解释我国的土地经营权的性质，主要有以下几种学说：一是"用益物权和权

---

① 熊丙万：《实用主义能走多远？——美国财产法学引领的私法新思维》，《清华法学》2018 年第 1 期。

② 如熊丙万博士对美国财产法领域的新思维运动进行研究所得出的结论认为，"权利束"这类完全去结构化或者说富于弹性的财产权理论既无法对现实社会中存在的大量财产权结构化现象给出有说服力的解释（或者说根本就未曾努力去关注并尝试解释之），还会误导未来的财产权制度建构和实践，徒增私人之间的财产权交易成本，白白浪费国民社会财富，熊丙万：《实用主义能走多远？——美国财产法学引领的私法新思维》，《清华法学》2018 年第 1 期。

③ 熊丙万：《实用主义能走多远？——美国财产法学引领的私法新思维》，《清华法学》2018 年第 1 期。

利用益物权说"。有学者认为土地承包经营权是用益物权,"经营权是设定于土地承包经营权之上的权利用益物权"。① 二是"用益物权与次级用益物权说"。此观点承认土地承包经营权是用益物权,根据德国地上权可以再设置次级地上权的原理,在土地承包经营权之上再设置经营权应为次级用益物权。② 三是"物的用益物权与成员权说"。有学者认为土地经营权"应指土地承包经营权",并且是"土地承包经营权的一种逻辑后果",③土地承包权"是一种分配权与资格权,且具有强烈的身份属性"。④ 四是"双重用益物权说",此观点在土地经营权与承包权权利性质的认定上与前一种观点不同,认为"分离后的经营权是土地承包经营权的派生权利,承包权在严格意义上仍是土地承包经营权"。⑤ 五是"用

① 蔡立东、姜楠:《承包经营权与经营权分置的法构造》,《法学研究》2015 年第 3 期。

② 李凤章、张玉:《土地经营权的法规范研究》,《私法研究》2016年第 1 期。

③ 朱广新:《土地承包经营权与经营权分离的政策意蕴与法制完善》,《法学》2015 年第 11 期。

④ 丁文:《论土地承包经营权与土地承包经营权的分离》,《中国法学》2015 年第 3 期。

⑤ 潘俊:《农村土地"三权分置":权利内容与风险防范》,《中州学刊》2014 年第 11 期。

益物权与债权说"。有学者认为承包经营权为用益物权，经营权的性质应当为债权。[①] 六是"用益物权与权利性质选择说"。即土地承包经营权为用益物权，经营权可为用益物权，也可为债权，农户可根据自身需要自由选择适合的土地经营权性质。[②] 七是"自物权与用益物权说"。有学者认为用传统大陆法系用益物权来解释土地承包经营权的性质有所不妥，因为大陆法系的用益物权是"权利主体对他人之物的权利，而农民承包却是因为他们作为土地所有权人的一分子。所以我倾向于把土地承包经营权归纳为农民的自物权"。[③] 而对于土地经营权，该说认为应定性为用益物权。

可见，集体土地所有权是《物权法》明文规定的所有权类型，法律性质明确；而土地承包权有成员权说、用益物权说与自物权之争。经营权性质则众说纷纭，主要分为用益物权说与债权说，前者又分为权利用益物权

① 高圣平：《论农村土地权利结构的重构——以〈农村土地承包法〉的修改为中心》，《法学》2018 年第 2 期。

② 彭诚信、畅冰雷：《"三权分置"中土地经营权立法轮思考》，《河南社会科学》2018 年第 8 期。

③ 孙宪忠：《农村土地"三权分置"改革亟待入法》，《中国人大》2018 年第 15 期。

说和物的用益物权说等。在论证土地承包权、经营权属性时，多数学者从它们与土地承包经营权的关系入手，认为两者系土地承包经营权裂变或权能再配置的结果。对此，笔者认为，由土地集体所有权、土地承包经营权的二元结构向三权分置演进，契合社会生产力发展需求，农民作为集体成员的权利在农地方面表现为承包经营权。承包经营权是根据成员权所应当享有的不得被任何人剥夺的财产权利，[①] 凭借该权利农民集体成员可取得土地经营权，而经营权可自享、可流转，主体也不限于集体成员，属于财产性完备的土地用益物权。在三权分置的制度设计中，承包经营权只是原来隐踪之农民集体成员权的显性化和财产权化，为因应新型农业经营体系土地流转需求而去身份化，并同时维持农民权利预期的结果。承包权的剥离，使得土地承包经营权上农民成员身份的限制得以缓解甚至去除。土地承包经营权上成员权色彩由承包权承担，减少了承包经营权财产价值实现过程中成员身份限制，即土地经营权流转无需面对过去承包经营权资格限制，真正实现财产权的放活。概言

---

① 参见王利明：《物权法研究》，中国人民大学出版社 2002 年版，第 460 页。

之，土地承包经营权系具有成员权色彩的自物权，经营权为用益物权。

土地承包经营权是具有浓厚成员权色彩的自物权。首先，土地承包经营权的取得具有一定的身份属性。在农地承包法第 16 条有关承包方的规定中，可以看出以家庭方式承包农地的前提要件为具有该集体经济组织成员身份，即农村集体经济组织成员是取得集体经济组织发包的农村土地的资格，这是任何理论学说都无法否认的。同时，该法第 33 条和 34 条中所涉土地承包经营权的互换和转让具体要求也限制了受让方的主体范围是本集体经济组织的农户，充分体现了土地承包经营权是根据成员权所应当享有的权利。作为财产权的土地承包经营权却具有浓厚的成员权色彩，主要原因在于其承担着农民的社会保障功能，尽管这种物权在用来对抗土地所有权人，保障承包权人的自主经营等方面发挥了重大的制度价值。但是，由于该权利带着沉重的负担，无法实现农地进一步市场化、财产化等改革的任务。而要实现中央"放活经营权"的政策目标，就必须结合农业生产经营和农民融资等实践诉求，通过土地经营权的权利建构来推进相关农地改革目标的落实，既要促进土地经营权的流转，平衡交易双方的利益，促进农业生产经营，实现土地权利的财产价值，又要维护土地集体所有权主体、土地承包经营权人的合法权益，妥善处理土地上不同类型权利的关系。

其次，土地承包经营权属于自物权。在《物权法》中，虽然土地承包经营权专章规定于用益物权之中，是物权法明文规定的用益物权类型。但是，农村土地三权分置制度改革后，我国农地权利体系发生了巨大的结构性变化。其中，农村土地所有权自身所承担财产权和公共职能功能混同，导致集体土地所有权亟需通过制度设计来探寻其财产权有效实现方式。[①] 其中，"集体土地所有权中的财产权内容应自所有权中剥离，独立为非限定土地使用权，而所有权作为公权力继续加以保留，并允许集体经济组织以非限定土地使用权为基础设定其他限定性土地使用权"。[②] 虽然，土地承包经营权作为一种有效财产权实现形式，在制度层面上不可能设置非限

[①] 李凤章：《从公私合一到公私分离——论集体土地所有权的使用权化》，《环球法律评论》2015 年第 3 期。

[②] 李凤章：《从公私合一到公私分离——论集体土地所有权的使用权化》，《环球法律评论》2015 年第 3 期。

定土地使用权,但是,从改革的方向来看,"土地承包经营权作为'自物权'的特征会越来越强烈"。① 继党的十九大明确提出二轮承包结束以后土地承包经营权再延长 30 年后,本次《农村土地承包法》修正后,明确规定"耕地承包期届满后再延长 30 年"。

还有,土地承包经营权本质上是一种成员基于成员资格以户为单位获得财产权。本次修法规定了承包经营权人可以保留承包权,允许将土地经营权流转出去。具体而言,当承包经营权通过流转分置方式进一步划分为土地承包权和经营权,其原有的成员权内容归属承包权,而其财产权内容则由土地经营权继受。这种三权分置的制度设计,打破了原有承包地上的土地集体所有权——土地承包经营权的二元权利结构,顺应了时代变迁的需要,减少未来变革成本,为土地的完全市场化、财产化奠立基础。土地承包权是农村集体经济组织成员以户为单位承包土地的一种财产权,其立法目的在于保障农民承包集体土地的资格,免除农民对土地经营权流转出去是否丧失该资格的担

① 孙宪忠:《农村土地"三权分置"改革亟待入法》,《中国人大》2018 年第 15 期。

忧，增强农民对土地经营权流转市场蓬勃发展的信心。随着集体资产股份化改革、城乡户籍制度改革的展开，农民对集体的股份权利确定，农民与土地的分离加剧，未来农民尤其非农化农民的土地利益主要在于土地承包经营权。此时，集体自主经营，直接流转土地经营权给任何合法主体，收益由农民按其股份分配。可以说，农民的土地权利将由"确权确地"，走向"确权确股不确地"，最终仅"确股"，即从股田制到股份制。因此，在未来的制度设计中，需要明确土地承包经营权的性质：一方面，该权利的前提条件是主体应属于农村集体经济组织的成员，符合成员权是基于一定社会身份而对社团法人所有之权利的要求；①另一方面，该权利的权利内容是承包集体经济组织所有的土地的资格，这正是成员对团体享有的权利。当权利主体失去成员资格，则该权利为户内其他主体继承或消灭。

综上所述，农民的核心利益在于对包括集体土地在内的集体资产的成员权利，不必系于直接占有使用土地

① 丁文：《论土地承包权与土地承包经营权的分离》，《中国法学》2015 年第 3 期。

来获得收益。故把承包经营权界定为自物权更加符合农民与集体、土地之关系：一方面农民凭承包经营权可以取得土地经营权，直接使用土地；另一方面不从事农业生产时，经营权可流转获得对价。由此，集体统一经营、农民自主经营或第三方规模经营皆有余地，在促进现代农业生产经营规模化经营的同时，切实保障土地权利主体的依法行使权利的自由。因此，从这种意义上而言，可以看出此次修法，土地承包经营权主体的法律地位得到进一步重视，相对解除了发包方对农民自由行使土地经营权的不合理管控，并为土地经营权的相对独立和进一步纯化财产权性质提供了制度基础和法权保障。

更为关键地问题是，如何对原有土地承包经营权的"承继"和"续造"的土地经营权进行定性。笔者认为，土地经营权应为用益物权，短期租赁土地租赁权应从土地经营权内涵中排除，纳入债法体系调整。

首先，土地经营权并非直接派生于土地所有权。高富平教授认为土地经营权派生于所有权的观点，与农地权利体系科学化构建的逻辑不符。"农地的'三权分置'本质上是农民集体所有权的法律再造。""土地经营权不是来源于土地承包经营权，而是来源于农民集体所有权,不是土地承包人让渡了土地的经营权,而是农民集体出让或设定土地经营权(土地使用权)。"① 对此,崔建远教授认为,这种观点违背一物一权原则、不利于农民意思自治,有跳过农民家庭承包地位来设置权利之嫌。② 物权的本质就在于法律赋予了权利主体直接支配特定物的权利,享受物的利益,并排除他人的侵害或者干预。物权直接支配性的实现前提在于物权客体的特定性,只有权利客体特定,权利主体的权利边界才能清晰明确。因此,物权具有排他性的效力,在同一个标的物上,不能有一个以上同一内容的物权同时存在。③ 如果将土地承包经营权定性为自物权,土地经营权定性为用益物权,则符合我国农村土地三权分置的改革路径。

其次,土地承包经营权可以派生出土地经营权。从必要性而言,这是农业经济发展的内在需求,也是满足

---

① 高富平:《农地"三权分置"改革的法理解析及制度意义》,《社会科学辑刊》2016 年第 5 期。

② 参见崔建远:《民法分则物权编立法研究》,《中国法学》2017 年第 2 期。

③ 谢在全:《民法物权论》(上册),中国政法大学出版社 2011 年版,第 19 页。

农民土地财产化、交易安全和交易安全的需要。从可行性而言，一是自物权人享有对自物权的处分权能。土地承包经营权的权利主体可以行使处分权能将部分权能让渡给他人，在该权利之上再设定土地经营权。二是自物权可以设定用益物权。对此，在土地承包经营权之上设定用益物权是否违反一物一权原则？笔者认为，在土地承包经营权上设置用益物权性质的土地经营权也是成立的。将土地经营权定性为基于土地承包经营权之上而产生的用益物权较为妥当。一方面，从权利的客体上而言，土地承包经营权的客体为农地，如此设定不会与农地上产生的承包经营权产生物权冲突；另一方面，可以准确理解集体土地所有权、农户承包经营权和经营权之间的权利层级关系，从而妥善处理不同层级权利之间的关系。总之，将土地经营权作为以土地承包经营权上的农地使用权为客体，定性为用益物权相较债权具有优先性、公示性、长期性及稳定性等优势，能够克服农业生产周期长、投入大带来的权利人安全感缺失问题，适宜市场交易。对此，崔建远教授指出："从应尽可能地优化权利人的法律地位、使土地经营权成为更为有效的融资手段等方面出发，将土地经营权设计为用益物权确有必要。"①

再次,从权利保护的角度,不宜把经营权统一在法律上设置为债权。如果将经营权认定为债权,可能存在经营权流转方毁约并随时取回经营权的风险,而且当合同关系外的第三人侵害经营权时,只有符合积极侵害债权构成要件才能获得权利救济,相较于物权保护,其范围小、力度弱、门槛高,与土地经营的长期性、稳定性要求不符。但是,对于经营权流转中临时短期租借等方式,可作例外规定,着重促进交易效率,可以认定为债权。现行法中,我国土地承包经营存在两种方式,家庭承包和对四荒地的招标、拍卖等其他方式的承包。前者是农地三权适用的场域,应建立土地三权体系结构,即集体土地所有权—农户土地承包经营权—土地经营权;后者因其天然不具有集体成员的资格属性,直接体现了土地经营权的可流转性,可以简化为土地两权体系结构,即集体土地所有权—土地经营权。当家庭承包经营之土地卸除过重的社会保障功能时,其必将与四荒地一样,建构便于市场流通的财产权利。而以承包经营权为具有成员权色彩的自物权,以经营

---

① 参见崔建远:《民法分则物权编立法研究》,《中国法学》2017年第2期。

权为用益物权，更加契合我国的物权实践和理论。关键问题在于，民法典物权编对土地经营权物权性质应该给予及时回应，至少应当对土地经营权的物权属性或特点予以确认。这主要因为：通过不同权利生成过程设立的土地经营权，由于权利来源的不同，所导致其本身的内涵非常丰富，尤其在性质上到底为物权还是债权并没有得到统一的认识之前，民法典物权编应该择其要点而规定。虽然在总体上土地经营权为物权抑或债权的定性还没有得到统一的认识，但是其中的有些权利已经可以判定为具有物权属性的或特点的，应纳入到该章节中来，并对土地经营权性质进行类型化处理。对此，笔者部分赞同王利明教授的观点，"可以将经营权区分为两种类型：一是短期的具有债权性质的经营权（如临时借用），[1] 二是长期的稳定的具有物权性质的经营权（如长期租赁），但物权编仅应当规定长期、稳定的土地经营权，并将其定为用益物权"。[2] 也就是说，对于土地经营权，应重点规定具有物权属性的土地经营权。与此同时，由于土地经营权是本次土地

---

[1] 对此，笔者认为短期的具有债权性质的应命名为土地租赁权或农地租赁权，不宜使用土地经营权。

[2] 王利明：《我国民法典物权编的修改与完善》，《清华法学》2018年第2期。

三权分置改革的核心和主要内容。因此，土地经营权规则在本次土地三权分置中占据着举足轻重的地位，民法典物权编对此应给予高度重视和关注。

四、 规则构建：土地经营权入编的具体思路

土地经营权进入民法典物权编，应依据其权利性质来构建土地经营权物权规则。对此，应着眼于土地经营权得丧变更的权利变化流程，在权利设立方式、权利期限、登记规则、流转规则、担保物权设置和实现、权利救济等方面，按照物权原理，构建体系化的用益物权性质的土地经营权。

（一）土地经营权入编不宜直接照搬农地承包法

从立法内容上而言，农地承包法第二章第五节属于土地经营权的系统规定。包括土地经营权的设定原则

（农地承包法第 8 条）、设定形式（农地承包法第 40
条）、基本内容或权能（农地承包法第 37 条、第 43 条、
第 46 条以及第 47 条等）以及土地经营权行使中的权利
范围和相关法律限制（农地承包法第 42 条和第 45 条第
1 款）。这些规定从框架上为土地经营权提供了一个相
对完善的法律规范体系。但是，就民法典物权编的土地
经营权内容规定而言，尽管有学者对民法典物权编是否
规定土地经营权有异议：由于"'三权分置'的复杂性，
并结合编纂民法典的进程安排，同时考虑到土地经营权
不像土地承包经营权、建设用地使用权、宅基地使用权
那样具有普遍适用性，目前暂不宜在民法典物权中将土
地经营权规定为一种用益物权，以在农地承包法中规定
为宜"。① 但"征求意见稿一稿""征求意见稿二稿"在
用益物权部分明确规定了土地经营权，只不过是置于土
地承包经营权章。而且二审征求意见稿还增加土地经营
权的设立方式（"征求意见稿二稿"第 134 条第 1
款）和土地经营权设立及其登记对抗主义（"征求意见
稿二稿"第 134 条第 3 款）以及按照"其他方式"设立

---

① 房绍坤：《民法典物权篇用益物权立法建议》，《清华法学》2018
年第 2 期。

经营权经依法登记的权属证书可以进行流转和处分（"征求意见稿二稿"第135条）。这里的修改打通了与农地承包法的内容衔接，大大扩充了一审征求意见的内容。这说明立法者并没有采纳否定土地经营权为用益物权的意见。

与此同时，二审征求意见稿对土地承包经营权的规定，也没有直接照搬农地承包法；而是根据民法典物权编编纂的要求，从土地承包权作为自物权的角度，有选择有侧重地进行规定。如二审征求意见稿从土地承包经营权的设立、登记机关的登记义务（"征求意见稿二稿"第128条）、土地承包经营权处分（互换和转让）及其登记（"征求意见稿二稿"第130条）、发包人的义务（"征求意见稿二稿"第132条、第133条）以及土地承包经营权期限及其期满依照农村土地承包法律的规定继续承包的规定（"征求意见稿二稿"第127条）。上述这些规定具有这样几个特点：一是从土地承包经营权的角度，对承包经营权作为一种自物权，主要从权利的设立、设立方式等内容进行概括式规定。而农地承包法主要从发包方与承包方的权利义务、承包的原则和程序、承包期限和承包合同以及承包经营权保护、互换和转让等进行细致规定。二是从规定的内容来看，民法典物权编（"征求意见稿二稿"）对于土地承包经营权的规定主要从权利的角度进行规则设定，如民法典物权编第128条规定："土地承包经营权自土地承包经营权合同生效时设立。登记机构应当向土地承包经营权人发放土地承包经营权证、林权证等证书，并登记造册，确认土地承包经营权"。该条的重心在于如何设立土地承包经营权。而农地承包法第23条、第24条第1款与之相近，但主要强调土地承包合同。第23条规定："承包合同自成立之日起生效。承包方自承包合同生效时取得土地承包经营权。"第24条："国家对耕地、林地和草地等实行统一登记，登记机构应当向承包方颁发土地承包经营权证或者林权证等证书，并登记造册，确认土地承包经营权。"结合农地承包法的规定，可以看出，民法典物权编第128条规定明确了土地承包经营权经签订的承包合同生效即设立，登记机构负有登记发证的义务。其直接将登记作为一种国家背书，充分肯定了土地承包经营权权利主体的法律地位及其特有的内涵：其具有自物权法定特征或内涵。即其设立从土地承包经营权人的角度而言，只要承包合同生效就获得了土地承包经营权。而土

地承包经营权登记只是确权,把登记作为权利的国家背
书。可以说,该规定为土地经营权的放活和进一步市场
化和财产权化,打下了制度基础。三是,从整个逻辑体
系上来看,民法典物权编对于农地承包法土地承包经营
权规定的吸收,也是有侧重、有选择的,更多从其物权
性质和物权内容等进行规则设定。在这个意义上,物权
编土地经营权规定也没有必要照搬农地承包法,进行事
无巨细的重复性立法。况且,全部照搬会造成不周延,
民法典物权编需要留白,需要特别法支持。所以二审稿
比物权法和一审稿,采用了"法律另有规定的,依照其
他规定""农村土地承包的法律"等宽泛的引致规定,
而非像物权法那样直接指向"农村土地承包法的规定"。

对于民法典物权编和农地承包法的关系,笔者认
为,应按照民法典物权编体系化和科学化要求,不能照
搬照抄农地承包法的内容,这在民法典编纂过程中有很
多的经验和教训。① 此外,农地承包法第二章第五节与
其他章节具有一定的逻辑连贯性和体系性,在物权编中

---

① 如在该问题上,曾在《民法总则》中营利法人章节,直接复制
大量公司法的规定。蒋大兴教授曾专门撰文指出复制立法技术的弊端,
参见蒋大兴:《〈民法总则〉的商法意义——以法人类型区分及规范构造
为中心》,《比较法研究》2017 年第 4 期。

单独割裂可能造成土地经营权法律制度的体系不周延，不利于指导司法实践。

（二）土地经营权入编具体路径

按照土地经营权设立方式的类型，对土地经营权区分定性，并依据其权利性质来构建土地经营权物权规则的思路。

1. 设立方式

（1）权利性质的类型化区分。在家庭承包方式中，承包经营权人自己保留土地经营权，或通过抵押处分土地经营权；对于四荒地，以其他承包方式获得土地经营权，并经过登记的，应明确其次级用益物权性质。通过流转来分置土地经营权，可以是债权意义的土地经营权，但这部分应由合同法调整；但具有物权特点的土地经营权（承包合同加登记）应明确为物权编调整。

（2）用益物权性质土地经营权的登记生效模式。第一，土地经营权的设立采取登记生效模式更有利于保护交易安全。如果采取登记对抗模式，容易造成多方当事人之间的争议，给交易安全带来负面效应。反观登记生效模式的优势正是在于稳定物权关系，强化公示方法，提高公示公信力，从而切实保障交易安全。第二，土地经营权的设立采取登记生效模式具有可行性。我国是农民大国，也是农业大国。农地权利的设立之所以长期采取登记对抗模式的重要原因在于农地权利界定不清晰。但是，近年来，政府部门的承包地确权工作已经进入收尾阶段。据悉，2019 年农业农村部将在全国范围内组织开展承包地确权登记颁证"回头看"工作。通过"回头看"，全面排查证书有没有发到农户、确权过程中有没有存在突出的矛盾。农业农村部副部长韩俊指出，要颁"铁证"、确实权，让农民真正吃上一颗长效"定心丸"。政府部门的确权工作已经为土地经营权登记生效的落实打下了坚实的基础。第三，土地经营权的设立采取登记生效模式有利于推动不动产物权变动模式的统一。现行法关于土地承包经营权设立和移转采取不同的变动模式，且登记规则与其他不动产物权不尽一致，有必要通过立法实现不动产物权变动模式的统一，在制度层面促进国有和集体土地使用权的同权同利目标的实现。

（3）物权特点的土地经营权之合同生效设立。土地经营权设立的债权意思主义能够促进承包地权利流转的效率，实现资源优化配置。土地经营权制度创新的重要原因在于既有土地承包经营权流转的桎梏不能适应现代化农业的发展。在过去的相当长一段时间，承包地是农户的安身立命之本，土地承包经营权对农户而言是重要的民事权利，兼具一定的社会保障功能，需要通过立法对土地承包经营权流转进行一定的限制，从而保障农户在将该权利流转之后的生存质量。在土地经营权的制度建构中，需要将促进农地的有效利用和权利流转的高效便捷作为重要目标，债权意思主义模式的适用恰恰反映了鼓励土地经营权流转的政策性目标，推动土地资源配置的优化，实现农业用地的经济价值最大化。可惜的是，农地承包法并未对此明文规定，可以参照《物权法》第 127 条规定，明确土地经营权合同生效时设立。具体合同条款要求《土地承包法》已有规定，可以保留。

2. 权利性质界定

本次立法修改中土地经营权的流转方式不仅包括出租（转包）债权性流转方式，还包括抵押这一物权性流转方式，但没有对土地经营权的性质进行明确界定，立法在权利性质上的模糊处理引发了学界对土地经营权性质的热议。对此，笔者认为，土地经营权名称应该根据土地经营权的性质——用益物权的定位，进行唯一化，即只有具有用益物权的土地经营权才能称为土地经营权；具有债权性质的则明确为土地租赁权或农地租赁权。与土地承包经营权的性质定位已经发生了质的变化一致。土地承包经营权更多地是一种具有成员权色彩的自物权；土地经营权则完全摆脱了成员权的限制，更多的从市场化、去身份化而设置的一种用益物权。也就是说，在土地经营权上，用益物权与成员权的关系却发生了本质上的变化，即不在那样密不可分。对此应设定一个具体条款加以明确。

在物权编的立法中，可以参照《物权法》第125条的规定：土地承包经营权人依法对其承包经营的耕地、林地、草地等享有占有、使用、收益和处分的权利，有权从事种植业、林业、畜牧业等农业生产。在法律条文中指明土地经营权的用益物权属性，明确其具有在一定期限内占有、使用承包地和享受收益的权利，有权从事种植业、林业、畜牧业等农业生产。对于短期租赁承包地的权利行使，可做例外规定。对此，农地承包法第

37 条规定土地经营权人有权在合同约定的期限内占有农村土地,自主开展农业生产经营并取得收益。这一既有条文可以保留,但需要增加例外条款。如在抵押土地经营权的情形中,为了保障落实农户的承包权,"不能采取《物权法》上的折价或者变价实现的方式",应增加"强制管理"这一特别规则,以土地经营权的收益清偿债务。[①] 又如在出租(转包)土地租赁权的情形中,为了维护相对弱势的承租人,有必要区分不同租赁期限下各方当事人的权利义务。长期租赁的情形下提供土地改良补偿和租金最高额限制,实行登记对抗主义的变动模式,实现当事人之间的利益平衡,维护土地经营权的有序流转,短期租赁则交由合同法调整以促进交易便捷。

3. 流转规则

权利人有权依法流转土地经营权。创设土地经营权的目标在于实现承包地财产性价值最大化,发挥土地经营权的交换价值与担保价值。《物权法》允许土地承包经营权依农村土地承包法采取转包、互换、转让等方式

---

① 高圣平:《完善农村基本经营制度之下农地权利的市场化路径》,《社会科学研究》2019 年第 2 期。

流转。原有的《农地承包法》规定国家保护土地承包经营权依法、自愿、有偿地流转，通过家庭承包取得的该权利可以依法以转包、出租、互换、转让或者其他方式流转。新《农地承包法》则将土地承包经营权和土地经营权的流转方式分而划之，前者为互换、转让的方式，后者为出租（转包）、入股或其他方式。值得注意的是，何谓其他方式？根据该法修正期间的立法说明等文件，在《农地承包法》修正阶段，考虑土地经营权抵押、质押等方式的学理争议大、实践经验有限等原因，并未加以明确，留待后续立法。在物权编中，为贯彻落实物权法定原则，有必要将抵押、质押等方式以法律明文规定的方式确定下来，并进行具体的制度设计，为实现农地财产权的价值提供充足的法律依据。鉴于土地经营权只承担部分财产功能，可以适当放开土地经营权的流转限制，建立有序的土地经营权交易市场，逐步实现土地经营权的市场化。

4. 权利变动模式

土地经营权的设立方式不仅繁杂，而且对每一种权利设立的法律效果的认定也存在较大差异。如从权利取得的角度而言，土地经营权的原始取得和继受取得。原始取得方式为土地承包合同的签订，继受取得方式为土地流转合同的订立。[①] 对于原始取得的土地经营权权利变动模式，可以区分土地经营权的性质作出不同的规定。

对于继受取得的土地经营权权利变动模式，主要有以下几种情形，一是土地承包经营权人流转土地经营或权利人再次流转土地经营权期限超过 5 年的，经过登记，并产生对抗善意第三人；二是土地承包经营权人流转经营或权再次流转经营权没有超过 5 年，或超过 5 年，但没有登记，且无法产生对抗效力；三是因土地经营权（包括初次流转和再次流转经营权）抵押权实现导致土地经营权转让的，对此法律设置了两个限制性条款：不登记不产生对抗效力，担保物权人就土地经营权享有优先受偿权；四是针对四荒地使用"其他方式"获得土地经营权且登记才能进行流转。对此，土地经营权流转和处分涉及非常复杂的情形，而且具有非常强的交易色彩。为促进交易安全和保障权利人利益，推动权利人进行登记确权，建议物权编对于土地经营权权利变动

---

① 丁文：《论"三权分置"中的土地经营权》，《清华法学》2018年第 1 期。

模式采取登记生效模式。提出物权的设立变动等采用同一模式，这就意味者土地经营权设立也应采取登记生效模式。需和前面论述统一。

5．权利期限

土地经营权派生于土地承包经营权，因此，其权利期限应在土地承包经营权的权利期限之内。农业较工业和第三产业具有一定的特殊性，其投入产出周期相对较长，前期投入的资金和时间成本较高，所以农地权利的期限一直是农民关注的焦点。适逢二轮承包的陆续到期，党的十九大报告明确指出，保持土地承包关系稳定并长久不变，第二轮土地承包到期后再延长三十年。《农地承包法》已经明确耕地的承包期为三十年，届满后再延长三十年，因此，仅需在物权编中明确土地经营权的权利期限设定必须在土地承包经营权的承包期限之内。

（三）土地经营权入编的其他问题

土地经营权进入民法典物权编涉及相关权利、规范、制度以及整个物权法的逻辑体系的重新构建。可谓是牵一发而动全身。以下几个问题也需要进行考虑。

1. 从一般法和特别法的关系而言，农地承包法作为物权编的特别法，可以对物权编的内容进行细致规定，许多规定如土地承包合同和土地流转合同等规定在农地承包法中更为合适。因为农村土地承包制度与党和国家的政策息息相关，将其规定于农地承包法中更有利于适应社会经济制度的发展而进行制度调整，立法内容更具有弹性空间。

2. 从法律效力的位阶而言，民法典物权编因为是由全国人民代表大会审议通过，是基本法律，位阶较高，但其修订程序更为复杂。其内容设定应保持谨慎。但农地承包法是一般法律，位阶相对较低，其由全国人民代表大会常务委员会审议通过，修订程序更为简便。因此，在这个意义上而言，可以通过位阶较低的农地承包法试点探路，将实践中反复证明是正确的，事关我国农村土地制度重大改革内容的，且可复制和可推广的土地经营权一般规则，上升为物权编则不失为一条土地经营权法典化的正确之道。

3. 从立法技术上而言，土地经营权进入民法典后，还要考虑其与整个民法典物权编的融贯性问题。为凸显土地经营权的制度价值，势必重新修订相关物权法条款。按照这个要求，也应对相关规定进行取舍或扬弃。在未来的立法中，尤其事关土地经营权用益物权性质、设立、抵押和流转等内容还可能面临相关条款的修改和解释问题。

结　　论

民法典物权编是民事基本法，其应在对土地经营权设立方式和权利性质准确把握的基础上，规定权利变动模式、流转规则、权利合理范围以及权利负担等，而这些内容涉及土地经营权在物权编上的定位和功能，对于土地经营权发展具有至关重要的意义。尤其是土地经营权作为农村社会最为基本的财产权，其可以通过物权编与宪法层面的基本权利勾连在一起，成为一个有效而权威的规整体系，以便运用最大化的法律力量和制度组合，从而达到保护该权利的立法目的。

下　编

宅基地开发权制度研究

第四章　宅基地置换中的新型权利

——土地开发权与土地发展权

　　面对耕地保护与城市化建设的需要，各地在现有土地制度下开展了宅基地置换实践。其中，土地指标是改革探索的核心抓手，并孕育出土地开发权和土地发展权两项新型权利。如何从新型权利角度去认识土地开发权和土地发展权，是本章研究的重要内容。只有识别出土地置换背后涉及的具体权利，才能真正确立本编所要研究的对象。

一、 新型权利视角下的土地开发权 与土地发展权

土地开发权归属于土地产权人，是土地用途变更的权源。基于此，土地发展权为相关增值利益确定归属：指标发送区宅基地的增值利益属于宅基地使用权人，其他建设用地的利益由地方政府、集体和集体成员共享。在土地指标接收区，集体成员对宅基地有优先开发权，地方政府可分得该收益；其他农村建设用地的增值收益由集体、集体成员和地方政府共享。

宅基地置换是国家在统筹城乡背景下以平衡耕地保护与城市发展为目的开展的试点改革。其主要内容是：地方政府在农民自愿前提下，对农村建设用地与耕地加以集约利用，以获得建设用地指标，并推进农村土地制度改革。随着"分税制"改革的推进，地方政府在强制征收土地的基础上，根据土地的用途分别制定了不同的出让策略，以土地出让金等收益经营城市。

由此，我国城市规模急剧扩张，耕地保护压力加剧。与此同时，我国农村居民的建房用地需求亦只增不

减。在城市开发与农村建设的双重压力侵蚀与挤压之下，我国耕地面积锐减，纵然国家采取了最严格的耕地保护措施，亦未能扭转耕地面积减少的态势。传统耕地保护制度的效用并不显著，耕地保护形势不容乐观。有鉴于此，中央利用多种途径，对耕地征收行为加以规范，以切实保护耕地，防止地方政府违法占地。我国《土地管理法》确立了"耕地占补平衡"制度，要求占地单位在征用农地的同时，补充开垦与所占土地数量与质量相当的耕地。[1] 据此，建设用地指标与耕地占补平衡指标成为地方政府征收农地的前置条件，两者缺一不可。然而，《土地管理法》虽然对征收行为作出严格的限制，但仍为地方政府预留了一定的空间。地方政府可以集约利用农村建设用地，并将节约的土地指标折抵城镇建设中征收土地所需的相关指标。这一规定将城镇建设用地与农村建设用地相衔接，实质上使征收农村土地的主要对象从耕地转变为集约利用农村建设用地。

　　城镇建设用地指标由农村建设用地的获取，源于中央以保护耕地为目的对土地征收进行的引导，亦来自地

---

[1]　参见 1998 年《中华人民共和国土地管理法》第 33 条。

方政府在土地征收实践中利益导向的自觉选择。1998 年
《土地管理法》修订以来，地方政府必须在土地利用总体
规划基础上，同时拥有建设用地指标与耕地占补平衡指
标，方可征收农地。一方面，在部分地区，建设用地指
标与耕地占补平衡指标奇货可居。例如，根据《广东省
土地利用总体规划（1997—2020）》，截至 2010 年，广
东省的建设用地控制规模是 2373.9 万亩，而 2009 年广
东省建设用地规模实际已达 2629.2 万亩，超越建设用地
控制规模达 255.3 万亩。事实上，早在 2006 年，该省已
经把 2010 年以前的指标提前用完。[①] 另一方面，以农村
居民点用地为代表的农村建设用地亦存在利用率低下的
问题，这在客观上为地方政府以农村建设用地改革为手
段获取城市建设所需土地指标开拓了新空间。农村集体
建设用地试点改革的开展，使传统建设用地指标管制制
度得到软化。相较而言，自上而下、层层分配建设用地
指标的传统制度难以反映各地对土地的不同需求。而试
点改革使地方政府能够将宅基地置换过程中产生的建设

---

① 黄熙灯：《珠三角大量土地圈而不用》，网易新闻网，http：//
news. 163. com/09/0706/04/5DGT92A3000120GR. html，2019 年 4 月
21 日。

用地指标投入城市化建设，满足城市建设的土地需求。由于农村建设用地不属于耕地，对其进行征收亦不必获取"耕地占补平衡"指标。因此，该制度在一定程度上拓宽了地方政府征收土地的空间，使土地资源的供给与需求得到灵活匹配，因而受到地方政府青睐。

由此观之，农村集体建设用地试点改革因应中央政府保护耕地的方针，同时满足了地方政府在征地过程中对建设用地指标以及耕地占补平衡指标的需要，是对传统土地征收制度的深化与发展。然而，这一改革试点措施同时又在维护农民集体建设用地权益、保护农民土地增值利益等方面存在一定问题，亟待有关法律法规予以解决。基于此，本书从宅基地置换的制度实践入手，期望厘清相关法律关系，明确置换制度中涉及的相关人权利这一"元问题"，以期为有关问题提供妥善的解决方案。

二、　置换制度中的土地开发权

在建设用地置换过程中，经常需要对土地指标进行跨区域流转，学界通常在学理意义上将之归结为土地开发权交易。作为一种新型用益物权，其与土地规划权、土地指标有千丝万缕的联系，同时亦有区别。本书认为，在置换中应承认农民集体及其成员享有土地开发权，包括优先开发权、对整理结余土地的流转权等。

（一）如何界定土地开发权

在宅基地置换中，笔者从农村土地变更为城市建设用地时土地性质变更与土地利用集约度提高的角度对这一权利加以界定。[①] 对于土地开发权的性质，在学界多有争论，既有将其界定为私权利的观点，亦有将其纳入公权力的主张，又有折中观点，认为其具有双重属性。笔者认为，应当将土地开发权定义为一种新型的用益物权。第一，土地开发权属于物权中的一项用益物权。首先，土地开发权的标的——土地开发容量，符合法律对物权客体的要求。在传统物权法中，不动产所有权是一种平面化的权利，划定所有权的平面范围即足以定分止

---

① 孙建伟：《城乡建设用地置换中土地指标法律问题研究》，《法学评论》2018 年第 1 期。

争。但科技的发展与人类对土地利用需求的增加使得对土地空间的利用扩张，土地开发利用逐渐立体化。土地开发权是针对土地开发容量而设定，土地开发容量可以借助一定的测量、计算等技术实现独立化和特定化，使物权的设立成为可能。

其次，开发权指向的土地开发容量具有稀缺性和财产价值。土地开发权是限制土地所有权后对权利人的补偿，而开发权的有无及其强弱与土地权利人所获收益有直接的关联，开发权的交易可为相应的土地所有权或建设用地使用权等创造增值空间。就此而言，土地开发容量符合法律对物权客体的要求。

最后，土地开发权是对开发容量进行排他支配与控制的一种权利。土地开发权人对特定土地开发容量的权利可采取登记公示等措施，开发权人可以据此对抗不特定第三人。因此，土地开发权具有绝对性特征，应当将其归于物权的范畴。①

第二，土地开发权属于一项新型的用益物权。这种新型的权利主要体现在以下几方面：

---

① 参见张先贵：《土地开发权的用益物权属性论》，《现代经济探讨》2015 年第 8 期。

　　首先，其形成和发展与国家公权力基于公共利益对其开发行为进行管制有着内在关联。按照传统财产权理论，产权人只要不违背法律，可以自主独立行使自己的财产权。但是，由于无序的土地利用导致的土地外部性问题凸显，尤其是伴随着城市、环保、古建筑文物保护、耕地保护等问题的日益严重，各个国家通过制定更为严格的规划和建筑法律等规范性文件，来约束产权人开发自己的不动产，越来越成为一种趋势。尤其是土地分区管制制度的确立，使得以公共利益为由来约束和管制产权，越来越具有正当性。此时，国家公权力越来越多地参与到合理配置私人不动产财产权的开发利用行为中，从而使得不动产财产权的开发利用行为越来越多地受到国家公权力的制约或管制。其实，国家公权力在私人财产权形成过程中发挥着重要作用。在某种意义上而言，正是国家公权力为私权利提供有效的制度性保障，才促使土地私权利有效地被社会所认可、承认和确信。特别是在土地等不动产开发利用中进行权利配置的权力直接影响到土地开发收益等问题时，这种权力越来越成为一种法定的和亟需被审查的权力。

　　其次，尽管国家公权力在土地开发利用行为中发挥着重大作用，但是，其功能和作用仅仅是配置土地开发容量，其本身不会创造土地开发容量。土地开发容量的分配在每一个阶段呈现出不同的总体上的宏观管制，但是，从整个城市或地区发展而言，可能每一个区域的土地开发容量具有总体上的平衡。也就是说，国家公权力并不创造土地开发容量，而是在分配已有的开发容量，使得每个地区的开发容量配置更符合公共利益。从这个意义上而言，土地所有权才是土地开发权的来源，而不是土地规划权等公权力。由于在土地开发容量配置中，经常出现土地开发收益上的"暴涨"或"暴损"等严重不公平的问题，土地开发权作为一种法律制度中的技术平衡措施，其可以对所有权的限制进行有效补偿，也可以对充分开发区的高收益进行利益平衡。因此，在法理意义上，土地开发权是土地规划权的正当性基础。最后，土地开发权通过我国的土地用途管制、城乡规划等有关不动产使用的制度得以凸显，其涉及不动产的利用强度与实际用途等问题，能够对使用土地的行为加以调整。权利人有权对特定土地之上的开发容量加以利用并获取收益，还能够不经转移土地所有权而独立处分土地开发权。

因此，土地开发权具有用益物权的实质内核与占有、使用等具体权能，应当将土地开发权作为用益物权中的使用收益权。但同时应当看到，土地开发权作为用益物权，具有不同于传统用益物权的独特属性。传统用益物权强调其限制所有权的功能，以实现物的利用与增值。而土地开发权则处于土地用途管制，尤其是国家公权力维护公共利益来限制相关权利的行使的整体语境下，土地开发权更多属于土地权利人所负社会义务的结果。在宅基地置换过程中，土地开发权的引入有特别意义。宅基地置换需要对农村建设用地进行集中利用并将结余土地所产生的指标置换为建设用地指标，以实现保护耕地与节约土地资源的价值目标。在此过程中，传统的所有权理论在面对新型的土地空间资源配置问题时显得捉襟见肘。土地开发权的引入将丰富我国的农村土地权利制度，为置换过程中土地用途的变更提供权利基础。

（二）土地开发权与土地指标的关系

在宅基地置换过程中，各方的诉求均围绕着土地指标展开。可以说，土地指标是宅基地置换改革中的核心问题。学界通常从土地开发权角度研究土地指标交易的有关法律问题。[①] 笔者认为，这种观点和思路整体上较为妥当，但也应看到土地指标与土地开发权之间的现实区别。不可否认的是，宅基地置换实践同土地开发权交易较为类似。[②] 从土地指标的视角来看，在宅基地置换过程中，集约利用农村建设用地结余的土地指标，将其转化为城市建设所需的建设用地指标。这一交易过程所涉及的客体并非具体的土地，而更类似于开发建设的额度抑或开发容量。事实上，宅基地置换中的土地指标与开发权交易中的土地开发容量能够彼此对应。从土地开发容量的角度而言，在某种程度上可以将土地指标作为开发容量的来源。宅基地置换制度使地方政府得以在国家计划分配的指标之外另辟蹊径，通过节约利用现有农村建设用地的方式为城市化建设提供建设用地指标。宅基地置换制度使得我国的土地开发容量具有双重来源：一是国家计划分配的土地指标；二是整理农村建设用地

----

① 参见唐薇：《建设用地指标交易的制度局限及法制应对——基于成渝建设用地指标交易实践视角》，《农村经济》2019年第1期。

② 程雪阳：《土地发展权与土地增值收益的分配》，《法学研究》2014年第5期。

后结余的土地指标。由此可见，土地指标与土地开发权有着密切的联系。

然而，我国的土地指标管理制度与域外的土地开发权制度亦存在区别。两者受制于各自的历史背景，分别具有不同的内涵。土地指标管理制度是国家为应对城市建设与农村建设用地同时占用耕地的局面，为了保护耕地、平衡城市化建设与耕地保护的矛盾而采取的政策。宅基地置换制度中的土地指标已成为地方政府在耕地保护压力下挖掘潜在建设用地资源的调控工具。而域外的土地开发权制度则是因为对土地的开发强度有别，为了补偿权利受到限制的土地产权人而作出的制度设计。

本质上，土地指标与土地开发权的上述差异分别体现为不同的开发权配置模式。我国现行的土地指标管理模式属于土地开发权的行政配置模式，而其他国家的土地开发权制度则更多地体现了土地开发权的市场配置模式。因此，我国宅基地置换过程中的土地指标管理制度同域外土地开发权制度具有一定的差异，实现开发权从行政配置到市场配置的转变将面临诸多困难。但宅基地置换实践已经在不同程度上显现出开发权配置的市场化倾向,① 这有助于实现指标交易与开发权交易的衔接与融合,在宅基地置换过程中实现指标交易市场化等目标。

(三) 置换中土地开发权的归属

国家对私主体的土地开发、利用行为进行管理的前提,在于承认土地所有权人对土地享有开发利用的权利。从比较法层面来看,美国、德国等国家均采用土地开发权归属于所有权人的立法模式。② 由于土地开发权是土地所有权受限的结果,为充分保障权利人的利益,笔者认为,应当将土地开发权归属于土地产权人。

我国的宅基地置换主要涉及农村建设用地。根据《宪法》的有关规定,农民集体对农村建设用地享有所有权。围绕土地的所有与利用,集体与集体成员之间形成了一种新型"总有"关系的法律结构。③ 集体成员以

① 张先贵:《农用地开发许可权市场化改革路径之选择》,《安徽大学学报 (哲学社会科学版)》2018 年第 4 期。

② 郭洁:《土地用途管制模式的立法转变》,《法学研究》2013 年第 2 期。

③ 孙建伟:《宅基地"三权分置"中资格权、使用权定性辨析——兼与席志国副教授商榷》,《政治与法律》2019 年第 1 期。

集体名义享有集体土地所有权，集体成员的权利共同汇总后形成了整体上集体对土地的所有权。因此，受这种所有权结构影响，理论上应当坚持由集体与集体成员共同享有土地开发权。在农村宅基地置换过程中，对于置换结余的土地指标，实践中开始探索以公开竞价方式对其作出处置，并将拍卖所获收益归属于集体和集体成员。① 这种实践实际上承认了集体及其成员享有土地开发权。宅基地置换有关制度与国外通行的开发权交易愈发接近，将土地开发权归属于集体及其成员已经成为宅基地置换制度的发展趋势。宅基地置换必然要转变以宅基地为主的农村建设用地的性质，这可能在无形中对农民和农民集体的土地权利造成限制。承认农民集体及其成员享有土地开发权，不仅同我国现行的农村集体土地权利制度相衔接，更能够夯实宅基地置换的权利基础。

（四）置换中土地开发权的内容

笔者认为，作为独立的用益物权，土地开发权能够

---

① 刘探宙、杨德才：《农村三项土地制度改革的推进模式与叠加效应研究——基于泸县的实证研究》，《农村经济》2018 年第 8 期。

为土地规划等行为提供正当基础，并且为集体及其成员的正当利益提供法律依据。在宅基地置换中，我国可以借鉴美国与法国的有关经验，在农村建设用地上为集体及其成员设置一定的开发权。在置换过程中，国家需要对集体和集体成员的部分财产权利作出一定的限制，将集体及其成员开发权所涉地块的土地指标置换至符合规划要求的特定地块。应注意的是，对集体及其成员权利的限制并未从根本上排除开发权，而仅仅是将有关主体的开发行为所处的具体空间进行了置换与位移，这种限制处于开发权的调整范围之内。置换完成后，可以运用复垦的拆旧区土地之上已成立一项保护性地役权的理论来解释，[①] 供役地只能用于农业生产，而接受该指标的需役地将进行开发建设。在建新区，集体及其成员能够依法对土地进行开发，而其开发权与土地置换后引入的开发者的开发权产生冲突时，应当保证集体及其成员享有优先开发权。[②] 由于种种条件限制，集体及其成员无法开发利用宅基地等农村集体建设用地时，亦应在承认

[①]　李凤章：《土地开发权：保护模式与权利归属》，《社会科学》2015 年第 4 期。

[②]　张先贵：《土地开发权与我国土地征收制度之改革》，《安徽师范大学学报（人文社会科学版）》2016 年第 1 期。

其拥有开发权的基础上，允许集体及其成员将宅基地整理结余土地之上的开发权投入市场予以交易。①

三、 置换制度中的土地发展权

宅基地置换能够有效地盘活存量土地资源，使土地资源得到高效利用。这一过程将为各方主体带来可观的增值收益。由此，如何分配因置换产生的增值收益，成为宅基地置换过程中又一个亟待解决的问题。笔者将从土地发展权角度入手，通过明确置换过程中增值收益的不同来源及其实践难点，根据具体情况，尝试提出土地发展权配置以及有关增值收益分配的具体规则。

（一）如何定位土地发展权

土地发展权主要涉及宅基地置换中因土地性质转变引起的增值收益分配问题，其与土地开发权有非常密切

① 杨磊：《国外土地冲突的比较分析：样态特征与治理启示》，《华中农业大学学报（社会科学版）》，2018 年第 4 期。

的联系，但也存在显著的区别。两者的主要区别在于调整对象不同，土地开发权主要涉及土地性质的变更与开发强度的调整，而土地发展权解决的则是土地性质与开发强度变更产生的增值收益如何分配的问题。我国法律并未明文规定土地开发权和土地发展权，但从我国现有的制度与实践中仍可觅得两者的实质规范内容。其中，土地开发权的实质规范内容表现为宅基地置换中的指标交易。有学者认为这种指标交易与土地开发权交易相差不大。而土地发展权的有关内容实质上表现为置换过程中分配增值收益的制度与实践。因此，土地开发权与土地发展权作为两个独立的权利虽有联系，却各有其独立的内涵，分别用于解决不同的问题。学者却常常混淆这两个内涵完全不同的概念，这不仅对学术研究的方向和判断产生干扰，亦将造成理论与法律实践的脱节，在实践中引发误解。为理清研究思路，应当区分上述概念，并在此基础上对有关法律制度进行深入研究。

（二）置换中的土地增值收益

宅基地置换过程中增值收益的数额决定了土地发展

权的范围。故而为了深入研究土地发展权，首先应当确定置换中土地增值收益的来源。宅基地置换的项目区具体可分为指标发送区（拆旧区）和指标接收区（建新区）。指标发送区需要拆除原有建筑物，并按标准重新规划建设农村居民院落或农民集中居住的住宅小区。这一过程中结余的土地将转化为耕地，其对应的非土地指标由指标接收区购买。指标接收区获取有关指标后，即可在国家下拨非农建设用地指标额度外征收土地，在对被征地农民进行补偿后出让土地并进行城市建设。由此观之，宅基地置换将导致土地资源的集聚与集约，从而释放出巨大的级差收益。① 作为土地发展权的客体，置换中的土地增值收益来源于指标自身以及项目区增加的集体资源性资产，可进一步将前者分为指标发送区的指标收益和指标接收区的指标收益。三者的形成机理不同，亦各自面临不同的问题。

第一，土地指标发送区能够在指标交易过程中获取大量收入。国家对土地指标的管理以及城镇化对土地的旺盛需求，使得土地指标成为一种稀缺物品。在置换过

---

① 周其仁：《重视成都经验 探索城乡统筹——在成都统筹城乡土地管理制度改革研讨会上的发言》，《中国国土资源报》2009 年 7 月 3 日。

程中，指标发送区一般位于远郊农村，其土地价格相对较低。但宅基地置换使指标发送区能够将剩余指标出售给指标接收区，这相对缓解了指标发送区在区位上的劣势，有助于盘活该地区的土地资源。然而，由于我国当前的土地指标交易的市场化程度有限，发送区土地指标的价格仍未得到完全发掘。这降低了相关主体可分配的收益数额，使其发展权受到不利影响。

第二，指标接收区在购买指标并征收土地后，必然要将土地进行出让，以获取高额的土地出让金。土地出让金收入即成为指标接收区的增值收益来源。但集体和集体成员作为产权人却只能获取征收补偿或者城镇土地上的房屋，而不能分享出让金收益。在土地出让后，土地开发利用的增值收益归属于开发商。此外，指标发送区与接收区集体及其成员在置换中的土地开发权并未得到保障，亦使其发展权不能得到充分实现。

第三，随着置换过程中土地开发权的实现与土地价值的重新发现，预留的土地、住房等集体资源性资产的价值随之水涨船高，成为增值收益的重要组成部分。但由于收益分配机制阙如及集体组织弱化等因素，收益分配不公、集体资产流失等问题时有发生。

（三）置换中土地发展权制度的构建

在宅基地置换中，对土地发展权归属的认定配置应当考虑到置换中各方主体的利益，作出公平合理的判断。宅基地置换的参与主体众多，主要包括作为产权人的集体及其成员、地方政府、置换后受让土地的开发者等。有学者基于土地性质、产权归属等理由，认为置换中应当着重考虑土地产权人的利益，[①] 将置换中的土地增值收益返还至农村，亦符合中央政策的要求。[②] 因此，对于土地发展权的归属，应当在维护产权人利益的基础上，根据土地性质等具体情形，综合考虑各方的利益。

如前所述，在置换中，指标发送区、接收区的土地指标增值收益以及集体资源性资产收益的发生机理与具

---

① 万江：《政府主导下的集体建设用地流转：从理想回归现实》，《现代法学》2010 年第 2 期。

② 《国务院关于严格规范城乡建设用地增减挂钩试点切实做好农村土地整治工作的通知》（国发〔2010〕47 号），自然资源部门户网站，ht-tp：//f. mnr. gov. cn/201702/t20170206 _ 1436853. html，2019 年 4 月 21 日。

体问题各不相同，故而应当根据各种情形下的具体问题逐一分析。此外，土地性质不同，相应的产权结构亦有所差异，这会影响到各方的利益分配格局。因此，对土地发展权的配置，亦应根据土地性质进行类型化的分析与考量。

1. 指标发送区的土地发展权制度

指标接收区为获得土地指标向指标发送区支付的价款，是指标发送区对增值收益开展分配的基础。但由于我国当前的土地指标交易机制的市场化程度有限，土地指标的价格并未得到充分发掘。土地指标增值收益的降低，影响到农民的长期生计问题，危及农民的发展权。为了保障相关主体的发展权，首先应当推进土地开发权的市场化配置，以市场的力量评估土地指标的价格。

对于土地指标的增值收益，在具体分配时应当根据土地的性质分别作出处理。笔者认为，指标发送区土地属于宅基地的，有关增值收益应当归属于宅基地使用权人。对于宅基地以外的其他农村建设用地，在分配时则应当兼顾地方政府、集体及其成员的利益。宅基地与其他农村建设用地均属于集体土地，集体享有相关土地的所有权。但宅基地之上附有集体成员的宅基地使用权，该权利担负着农村社会居住保障的重大任务，具有鲜明的福利属性。① 虽然我国宅基地的所有权属于集体，农民只享有使用权，但在现行立法中，宅基地使用权具有无偿性与永久性，其法律属性已经同所有权较为相似。要实现农村建设用地的集约利用，必须要由宅基地使用权人放弃一定的权利，付出原本由其享有的对土地进行开发利用的权利。据此，宅基地使用权人享有发展权并据此获得土地指标的增值收益，是基于其对自身宅基地使用权的放弃，具有正当性与合理性。对于其他农村建设用地，则可以参考建设用地流转中增值收益分配的有关规则。如果集体为土地使用权人，应当由集体享有增值收益，以此发展集体经济和有关福利事业。而集体成员为土地使用权人时，使用权人有权获得主要增值收益。考虑到地方政府为推进置换付出的成本与提供的服务，应当允许政府对宅基地以外的建设用地置换享有一定的增值收益。对此可以借鉴集体经营性建设用地的调节金

① 耿卓：《宅基地"三权分置"改革的基本遵循及其贯彻》，《法学杂志》2019 年第 4 期。

制度,① 但出于平衡各方利益的需要，建议政府享有最多不高于30％的土地指标增值收益为宜。

指标接收区的土地发展权制度指标接收区在获取土地指标后，将依法征收农村建设用地和农用地并进行开发建设。在此过程中，指标接收区获得的土地指标增值收益主要表现为土地出让金以及其他有关开发收益。土地性质不同，其权利归属以及当事人的利益状态将产生一定的差异，从而会影响当事人的发展权归属以及增值利益分配范围。因此，应分别研究宅基地、其他建设用地以及农用地的发展权归属问题。宅基地的所有权归属于农民集体，其使用权归属于集体成员。实践中，地方政府征收宅基地后，将为原宅基地使用权人提供住房与一定数额的金钱作为补偿。笔者认为，基于宅基地物权的性质以及保障有关主体开发权的需要，应当承认原集体居民享有优先开发的权利，允许其在法律允许的范围内开发利用其土地资源。原集体居民因此获得的收益可

---

① 参见《关于印发〈农村集体经营性建设用地土地增值收益调节金征收使用管理暂行办法〉的通知》（财税［2016］41号），财政部门户网站，http://pjzx.mof.gov.cn/zhengwuxinxi/zhengceguiding/201606/t20160629_22342626.html，2019年4月24日。

以逐年或按一定比例缴纳至地方政府。这一方案与宅基地的权利结构相适应，可使农民住有所居，亦顾及了农民的长远发展利益，因此具有合理性。宅基地以外的农村建设用地的所有权归属于集体。鉴于我国集体土地所有权呈现出新型"总有"的特征，应当认为集体及其成员为土地发展权人，两者共享因土地利用而产生的增值收益。同时，地方政府在置换过程中对置换全程进行了统一协调与管理，并且为拆旧建新等有关工作投入了大量的成本，提供了公共服务，在置换过程中发挥着重要的作用，故而地方政府亦可以按比例分得一定的增值收益。

对指标接收区的农用地而言，其非农业开发利用受到诸多限制。但相关主体在宅基地置换中获取城市建设所需指标后，这一部分土地即可投入城市建设。在分配因开发利用该部分土地获取的增值收益时，应当注重资金的平衡，应当首先以增值收益偿付因向指标发送区购买指标的价款，继而支付相关的补偿金等，此后再进行具体分配。

2. 集体资源性资产的土地发展权制度

宅基地置换完成后，相关地区的土地资源得以优化配置，土地价值得到重新发现，这同时激活了置换过程中集体预留的土地及房屋等集体资源性资产，使其产生了巨额收益。如何分配上述收益，就成为需要考虑的问题。由于实践中尚无有效的收益分配制度，集体经营性资产分配产生了一定的问题。为解决这些问题，在推进宅基地置换的过程中，应当建立健全农村集体"三资"的有关管理制度，明确宅基地置换过程中的主体地位、产权归属、分配规则等事项，以此落实和保障集体成员对集体资产的合法权益。

对于集体资源性资产增值收益的具体分配规则，本文认为，此时农民集体为相关资产对应的发展权人，该收益应当归属于集体，由集体经济组织将其用于生产活动以及集体经济事业。将增值收益用于集体事业后尚有盈余的，则可以将其在集体成员之间按比例分配。对于置换过程中集体资源性资产增值收益分配的具体问题，如置换中新型农村集体经济组织的问题、增值收益的认定与分配规则以及相关的监督手段等，则仍需要结合实践进行深入探讨。

四、结　论

宅基地置换中的核心问题在于土地用途的变更，具体涉及何者有权变更用途、变更后的土地增值利益归属，以及变更前后农民土地权利衔接和居住权益保障等问题。从权利视角来看，这些问题分别对应着土地开发权、土地发展权以及宅基地使用权。作为置换中的一种新型用益物权，土地开发权为土地用途变更提供了权利基础。土地开发权与宅基地置换中的指标交易具有密切联系，但两者亦有区别，分别体现了开发权的不同配置模式。在置换过程中，应承认土地开发权归属于土地产权人，并以优先开发权、保护性地役权和宅基地流转制度，在实现置换制度功能的同时维护置换中集体成员的权利。

与开发权不同，土地发展权主要解决置换中增值收益归属的问题。在置换过程中，指标发送区与接收区的土地指标以及项目区的集体资源性资产均产生增值收益。其中，在指标发送区，宅基地的增值收益应当归于宅基地使用权人。分配宅基地以外的其他农村建设用地时，则应兼顾地方政府、集体及其成员的利益。在指标接收区，集体成员对宅基地享有优先开发权，因此获得的收益可以部分或逐年上交地方政府。对于其他农村建设用地，应当由集体及其成员共享因土地利用而产生的增值收益，并按比例上交至地方政府。此外，集体资源性资产的增值收益应主要归属于集体，用于生产活动以及集体经济事业。此后尚有盈余的，则可以按照相应规则，在集体成员之间按比例分配。

第五章 土地开发权作为独立财产权的证成

土地开发权被识别出之后，随之而来的是如何认识这一权利的性质和内容。核心要点在于，土地开发权能否作为一种独立的私法意义上的财产权，如何来认识和评价土地开发权的独特内涵。土地开发权是否具有财产权属性，以及这项权利应该归属于谁，决定了宅基地置换过程中相关利益的分配。本章旨在证成土地开发权是一项独立财产权。

当前学界围绕土地开发权问题进行了富有成效的探讨。尤其是将土地开发权与我国土地用途管制、[1] 土地

---

[1] 以周其仁为代表的北京大学国家发展研究综合课题组对农村建设用地指标产生、交易和置换等实践研究，丰富了我国土地开发权实践形态，但亟需将其上升到土地开发权层面进行深化研究。北京大学国家发展研究综合课题组编：《还权赋能：奠定长期发展的可靠基础——成都城乡统筹综合改革经验的调查研究》北京大学出版社 2010 年版。

指标计划与市场二元配置体系以及土地开发权与宅基地置换①等相关制度实践进行学理探讨。这为深入和系统地研究该项权利性质和权利配置等问题，提供了学理基础和对制度实践反思的多元视角。但是对土地开发权相关问题进行细细梳理来看，还存在很多理论上和实践上的问题。

一、 土地开发权作为独立的、私法意义上的财产权论争

关于土地开发权能否作为一种独立的私法意义上的财产权，以及如何来评价土地开发权的独立性？对此，学界颇有争议。

1. 否定论认为，土地开发权主要是公权力规制

---

① 谭明智博士通过对我国城乡建设用地增减挂钩的制度实践进行研究，提出应从土地宏观调控管理体制来解读我国土地指标交易的性质和功能。谭明智：《严控与激励并存：土地增减挂钩的政策脉络基地方实施》，《中国社会科学》2014 年第 7 期。另参见孙建伟：《城乡建设用地置换中土地指标法律问题研究》，《法学评论》2018 年第 1 期；《城乡建设用地置换中的"自愿"原则及其悖论》，《苏州大学学报（社会科学版）》2013 年第 6 期。

（土地用途管制和分区管制）的所形成的权力，其不是私法上的权利。黄祖辉、汪晖教授认为土地开发权来源于城市规划中的分区控制，其属于警察权。"政府分区控制正是限制土地发展权的直接原因。土地发展权[①]是由管制或者规划导致的一种权利。"我国台湾地区苏志超教授认为，土地开发权是因规划对土地使用权变动的结果，缺乏转移的具体对象，即其欠缺形成不动产财产的标的，因此他主张土地开发权不能成为不动产物权。[②] 美国有学者研究认为，土地所有权是完整而不可侵犯的财产权，将土地开发权与土地所有权进行分割，有违反美国宪法第五修正案财产权保障相关条款的嫌疑。[③]

2. 肯定论认为，土地开发权源于土地所有权，只

[①] 目前，学界对于土地开发权与土地发展权存在混用状态，笔者对此进行了区分，并认为应使用土地开发权较为科学。但在具体的引文中为了尊重已有研究，还使用土地发展权。参见孙建伟：《城乡建设用地置换中土地指标法律问题研究》，《法学评论》2018 年第 1 期；张先贵：《中国法语境下土地开发权理论之展开》，《东方法学》2015 年第 6 期。

[②] 苏志超：《土地发展权于建筑容积"权"之比较及产权化与法制化之讨论》，《人文杂志》1999 年总第 186 期。

[③] Notes, "The Unconstitutionality of Transferable Development Rights", 84 Yale G. J. (1975).

不过土地所有权因规划权限制而使得土地开发权凸显出来，其本身具有独立的客体——土地开发容量，且具有巨大的财产价值，应是独立的财产权。梁慧星教授认为，土地开发权是一种可以与土地所有权独立出来的财产权利。① 李凤章教授认为，土地开发权本源上属于土地所有权，"土地开发权并不是因为规划管制而产生。相反，规划管制只是使这一问题得以显化"。"土地开发权本身是土地所有权的组成部分或者权利束之一，但因为管制而得以彰显和获得明确承认"。② 程雪阳博士认为，国家通过法律和土地利用规划行使的管制权力，既不是土地开发权的来源，也无法分配或者赋予某块土地的开发权，其仅仅是决定是否限制以及如何限制土地的开发权而已。③ 张先贵博士认为，土地开发权作为一项新权利，在法律性质上应定位于私法意义上的用益物权。④ 我国台湾地区陈明灿教授认为，由于土地开发权

---

① 梁慧星：《中国物权法研究》，法律出版社 1996 年版。
② 李凤章：《土地开发权：保护模式与权利归属》，《社会科学》2015 年第 4 期。
③ 程雪阳：《土地发展权与土地增值收益的分配》，《法学研究》2014 年第 5 期。
④ 张先贵：《中国法语境下土地开发权理论之展开》，《东方法学》2015 年第 6 期。

属于不动产财产权的新观念，事涉土地所有权人之权益至巨，应属于独立的不动产物权，有必要于民法中就其设定、取得、移转与消灭详予规定。[①] 国外一些学者运用所有权"权利束"理论分析土地开发权的法律性质。美国学者 JohnJ. Delaney 指出，在传统财产权理论中，土地开发权属于土地所有权的范畴，是土地所有权的题中应有之义，随着所有权社会化理念的兴起，土地开发权成为土地所有权"权利束"诸多权利之一种，并可以与土地所有权相分离而独立存在。[②]

3. 折中论认为，土地开发权具有公权力和私权利双重性质。该种观点认为土地开发权的来源问题上或独立问题存在混乱的认识，主要是没有弄清土地开发权的性质。如孙弘教授认为，土地开发权的法律性质应为具有警察权性质的财产权利。[③] 黄泷一博士通过对美国土地开发权制度的考察，其认为土地开发权具有私法意义上权利属性与

---

① 陈明灿：《财产权保障、土地使用限制与损失补偿》，台湾翰芦图书出版有限公司 2001 年版。

② John J. Delaney etal. TDR Redux：A Second Generation of Practical Legal Concerns, 15 Urb. Law. （1983）.

③ 孙弘：《中国土地发展权研究：土地开发与资源保护的新视角》，中国人民大学出版社 2004 年版。

公法意义上权利双重属性："私法上的权利来源于私法，只需由国家确认和保护即可，而公法上的权利则是来源于公法或由行政机关根据法律赋予公民。"我国"'所说的土地开发权'实际上兼具这两种含义，这就是导致其性质不清晰的根源所在。"而所谓与土地所有权相分离的"一束权利"则是私法上的土地开发权，而公法上的土地开发权实质上是"规划上的土地开发权"。而"这种'规划上的土地开发权'是基于政府的规划行为设定容积率而产生的，与私法上的'一束权利'没有任何关系。"① 该种观点主要认为土地开发权的产生问题根据其私法或公法的性质，其来源是不同的。私法上的土地开发权就是所有权分离出来的一种不动产物权；而公法上的土地开发权则产生于土地规划权。本质上，折中论也是一种否定论。

二、 土地开发权作为一种独立的财产权来源

土地开发权的产生或来源问题上，其权利到底来

---

① 黄泷一：《美国可转让土地开发权的历史发展及相关法律问题》，《环球法律评论》2013 年第 1 期。

自什么地方？该问题具有重要的理论意义和实践意义。从理论层面上而言，其产生的来源不同，就有可能形成不同的理论学说，并带来根本立场的变化；从实践层面而言，因为所坚持的理论立场不同，导致土地开发权及其权利所带来的收益归属也会侧重于不同的主体。如认为土地开发权源于国家规划权的立场，往往导致土地开发权归属及其收益侧重于国家；而认为土地开发权源于土地所有权的立场则更多的将权利及其收益赋予产权人。

　　笔者认为，土地开发权源于土地所有权，因国家土地用途管制和城乡规划权等公权力的规制而凸显，进而成为法律实践上亟需予以规制的法学命题。因此，应作为一项独立的、新型的财产权来加以审视。土地开发权问题的凸显是因为土地产权人的土地受到政府公共权力的管理（通常是政府城市规划）使其权利受到限制，导致产权人的财产价值受到损害，进而产权人基于这一事实获得政府补偿的权利。但是，政府由于给予产权人相应补偿，特别是因为受到国家既有财政赤字的巨大压力，所以不得不通过市场化的方式，将这一权利通过市场来加以配置。即由"高度开发地区的开发人通过购买开发权对被限制开发用途的土地所有权人进行补偿",① 这就是我们所说的土地开发权交易。但是，土地开发权交易前提是土地开发权的存在。对于这一限制与补偿问题，我们可以从以下几个方面来加以分析和论证。

1. 土地所有权受到公权力限制：财产权的社会义务

从土地财产权承担社会义务的角度而言，土地开发权的产生是所有权受到公权合法的限制的结果。而要在这种合法的限制中，获取更多的"土地开发容量"，法律制度就逐渐发展出了一套复杂而系统的财产权制度。而其典型之一就是土地开发权。对此，学界也有不同的观点。有观点区分了法律对土地所有权合理的限制和不合理的限制，并认为土地开发权应该是土地所有权受到合理限制的结果。因为如何受到不合理的限制，以至这种限制本质上使得原有产权人的所有权名存实亡了，那就是构成了管制性征收，而不是因为所有权受到法律的限制而衍生的土地开发权了。② 因此，这里存在一个限

① 李凤章：《土地开发权：保护模式与权利归属》，《社会科学》2015 年第 4 期。
② 李凤章：《土地开发权：保护模式与权利归属》，《社会科学》2015 年第 4 期。

制程度的问题。

从立法上而言，美国相关州立法规定，因土地分区规划导致的土地价值减损到一定程度时，政府需要给予补偿。在具体操作上，财产损失的价值可由中立的第三方评估机构来进行评估，如果双方对财产损失的价值有争议，则需要由陪审员来投票判定。日本法律规定，土地地下37米就不是产权人的，属于公共利益范畴。但是，大多数情况下对于土地的限制程度及其补偿问题，属于司法衡量的决断权。这其中也发展出了一些判断标准，如德国法上的特别牺牲理论和美国法上的管制征收理论。[①] 由此，我们特别需要关注的是财产权应该承担相应的社会义务，但应该对承担社会义务的程度有一个合理的区间，仅仅在这个区间内，我们才能确定其使得土地开发权得以形成和发展。否则，任意扩大社会义务对所有权的法律限制，导致这种限制侵害到所有权制度的内核，使其名存实亡，则就不是财产权的社会义务，而是财产权的征收了。在这种情况下也无法有效发展出

---

① 参见吴胜利：《土地规划权与土地财产权关系研究》，西南政法大学2015年环境与自然资源保护法学专业博士学位答辩论文，第98页以下。

土地开发权制度。而且在大多数情况下，财产权的社会义务不仅仅是通过私法上的限制，如诚实信用原则或禁止权利滥用原则，而是通过公法上的限制，如城乡规划法、环境保护法等公法来进行的。在公权力限制产权人的过程中，土地开发权的形成和发展面临着土地财产权被公权力侵害的危险。更为重要的是，在土地开发权的形成过程中，又离不开这些公法意义上的限制，大多数情况下恰恰是这种公法上的限制，才使得土地开发权直接从土地所有权范畴中脱离出来，而成为独立的权利形态。这种既离不开公法上的限制又面临容易被公权力的侵害的悖论，是土地开发权运行过程中的一种常态，也是很多研究者无法将其准确定性的困惑来源。① 但，无论是公法上的限制还是私法上的限制，都应该在合法、合理的范围内进行。否则就可能导致土地财产权的异化和扭曲，进而导致土地所有权承担社会义务被极端利用，成为国家公权力侵害土地财产权的凭借。这是我们在认识和评述土地开发权形成过程中的特别需要注意的一点。

_____

① 对于土地开发权的性质等方面的论述，除见下文外，笔者将进行专题研究。

2. 土地财产权是土地规划权基础，借助规划权推动开发权从所有权中分离

从土地规划权和不动产所有权的关系而言，国家为了维护公共利益、克服土地利用的负的外部性等考量，使用土地规划权，即通过分区规划、用途限制等"刚性"手段来对土地财产权进行限制，尤其是对土地的开发利用从消极被动规制到积极主动进行限制。对此，有学者考察美国和德国的规划立法演变路径，"土地规划经历从妨害禁止到合理的未来用途分离、从特定地区的用途管制到整个市镇的用途分区、从高度或用途单独指标分区向用途和规模综合限制等转变"。[①] 土地规划权越来越积极、越来越主动地、越来越多元[②]地对土地财产权进行限制。

但是，在其中土地规划权和土地财产权两者如何平衡则是问题的关键：使用分区规划、土地用途管制、建筑物用途管制等"刚性手段"尽管可以实现规划权行使

[①] 李冷烨：《城市规划法的产生及其机制研究——以德国和美国为中心的标志性考察》，上海交通大学凯原法学院 2011 年博士论文。

[②] 土地规划权从公共安全、健康、环保扩展到审美保护等。参见方涧、沈开举：《美国城市土地区划中的美学规范及其对中国的启示》，《郑州大学学报（哲学社会科学版）》2017 年第 4 期。

的目的，但其同时也无法有效兼顾土地财产权人的意愿，并在此过程中或隐或现地排除了土地权利人在土地使用中应有的权利，与财产权人对土地财产利益的合理追求。如何既能实现国家规划权和用途管制权的规范目标，同时又能实现土地财产权人的有效"保护"？这需要相应的制度保障，土地开发权制度就是在这种背景下产生的。即借助土地规划权，实现对土地所有权权利分割，即从土地所有权中分离出"土地开发权"。从这个意义上而言，土地开发权制度的形成，与土地规划权有着内在的关系，因为是土地规划权推进了土地开发权的产生与发展。但是，仅仅看到这一面还是不够的。土地规划权本身无法催生土地开发权，而需要借助土地所有权才能进行。土地规划权是对土地所有权和使用权等开发利用空间的配置，若无土地所有权，则规划权无法落地。对此，有学者坦言："土地产权是规划控制和管理的基础，而城乡规划的本质是人们在土地使用过程中由国家和法律规定人与人之间的关系，以及规划关于土地使用和占有等权利的范围，对土地产权具有转移和限制作用。"① "通

---

① 贺欢欢、张衔春：《土地产权视角下的城乡规划改进思考》，《城市规划》2014 年第 2 期，第 18 页。

过土地开发权财产属性的体现，城市规划能够为政府控制更多的价值，并且公平分配这些价值，调控整个社会的利益关系".[①] 在此过程中，规划权日益融入现代法律意义上的产权内部，从而使得规划权在构建现代意义土地、建筑、空间等不动产财产权的规则和内容方面，越来越重要，越来越凸显，使得不动产财产权的内涵越来越承担更多地社会公共利益的职能和特点。但，这并不可以否定其现代意义不动产财产权的独立性，否则就会歪曲和瓦解不动产财产权所具有的激励和利益最大化等功能。尤其在面临日益膨胀的公权力，这种财产权的相对独立性显得弥足珍贵。因此，在这个意义上而言，有论者认为："土地开发权所要规范的是允许或者限制土地价值发生变化的行为，而城市规划确定土地使用性质和开发强度，就是土地开发权配置的具体内容。"[②] 规划权仅仅基于公共利益，而对土地开发利益的重新分

---

① 宋劲松、刘洋：《土地开发权：城市规划的法理基础》，《规划 50 年——2006 年中国城市规划年会论文集：城市土地开发利用》，第 523 页。

② 宋劲松、刘洋：《土地开发权：城市规划的法理基础》，《规划 50 年——2006 年中国城市规划年会论文集：城市土地开发利用》，第 523 页。

配。所以，只有土地开发权作为土地规划权的基础，并作为一项独立的财产权，土地开发权才能成为城市规划提供正当性基础。对此，笔者认同这种判断："土地开发权是城市规划调控土地的法理基础。"①

3. 国家强制性制度安排推动土地开发权的形成，而不是否定其独立性的理由

从我国土地开发权与国家特许的关系来看，土地开发权经过国家强制性制度安排是其财产权独立的标志。目前学界有部分学者认为，土地开发权的获取需要国家的强制性制度许可，因此，进而否定其独立的财产权属性（有的认定为是一种警察权）。这种分析看似有一定道理，但是没有看到其问题的本质。我国土地所有权与其之上衍生的其他财产权，不是一种大陆法系意义上的所有权与用益物权的关系。根据李凤章教授的研究，对于建立在国有土地所有权之上，因土地出让获得使用权，并不是严格意义上用益物权，而是借鉴香港土地批租模式下的英国批授保有法律制度，其"强调的是在国

———————

① 宋劲松、刘洋：《土地开发权：城市规划的法理基础》，《规划50年——2006年中国城市规划年会论文集：城市土地开发利用》，第523页。

家垄断土地所有权的基础上，所有权不得流转，而又为了创设土地财产权，而将土地保有权批授给社会成员。其批授的方式可以是拍卖，也可以是无偿授予，方式不同会形成不同的契约条款，从而形成不同的土地保有权。但是，就法律效果而言，都是将土地使用权从主权者（所有权人）手中分离出来，授予给用地的申请人，为土地使用人创设相应的土地使用权。只不过为了区别于国王对土地所有权的拥有，而将土地使用权的享有称为保有"。[①] 因此，建立在国家所有权或集体所有权之上的其他财产权，在出让获得使用权或其他财产权时，都需要获得国家法律的许可方能进行权利的设定和划分。

从产权经济学而言，国家公权力与土地私权利的形成有着紧密的联系。在某种意义上而言，正是国家公权力为私权利提供有效的制度性的保障，才促使土地私权利有效的被社会所认可、承认和确信。正如周其仁教授所指出："在产权起源的讨论中，总免不了要遇到国家问题。"[②] 首先所有权有效保护与实施需要国家公权力

---

① 李凤章：《从公私合一到公私分离—论集体土地所有权的使用权化》，《环球法律评论》2015 年第 3 期，第 81 页。

② 周其仁：《中国农村改革：国家与土地所有权关系的变化——一个经济制度变迁史的回顾》，《管理世界》1995 年第 3 期。

的承认和确认，尤其是这种确认以法律规则为基础形成的制度性力量或权威，为所有权的有效展开提供了法律制度层面的保障。但国家通过公权力来推行这一制度的实施与落实，需要相应的代价，即国家也不是免费提供这种服务，有时甚至来侵犯土地所有权为代价。因此，所有权与国家权力之间存在一种所有权悖论的逻辑："一方面，所有权不能完全不要国家而得到有效执行；另一方面，国家的引入又非常容易导致所有权的残缺，以至于我们即使在理论上假设存在着一个理性国家，也无法完全避免无效产权的后果。"① 这一点，无论是以"个人—市民公共领域"为基础的西方国家，还是依托"家庭—村庄社区—地方政府"的联盟与国家之间乃在复杂关系的我国，都具有一定的解释力。而这种国家权力与土地所有权的关系，在我国更具有一定的特殊性。这是因为，"被战争、国家工业化和改造旧中国的伟大志向造就的强大国家，已经侵入社会，并保留了制造、改变和剥夺农民所有权的长期记录"。② 也就是说，在

① 周其仁：《中国农村改革：国家与土地所有权关系的变化——一个经济制度变迁史的回顾》，《管理世界》1995 年第 3 期。

② 同上。

国家职能曾经被过度滥用的约束条件下，如何重建新的产权秩序始终是我国在财产权制度领域需要面对的一个问题。"社会主义产权改革的一个根本问题，不是由国家确认某种所有权形式（哪怕是最纯粹的私有制），而是首先界定国家在产权变革中的权力限度。"① 因此，在这个意义上而言，公权力在私权产生过程中发挥着巨大而又危险的功能。但在私权产生过程中，确实离不开公权力的规制。

在我国土地使用权、土地承包经营权、宅基地使用权等制度形成上，在某种意义上其大都是先有国家强制性制度的许可或批准（很多情况下是国家通过法律或行政法规等），这些权利才从所有权中加以分离，进而成为独立的有中国特色的"用益物权"。这一点与大陆法系国家通过民事契约等法律行为，从所有权中直接分离出来用益物权，具有不同产权形成的背景。看不到这一点，就无法理解我国很多用益物权所具有的内在特点和独特价值。因此，土地开发权因分区规划和土地用途管制等因素，需要国家强制性制度的审批或许可，进而从

① 周其仁：《中国农村改革：国家与土地所有权关系的变化——一个经济制度变迁史的回顾》，《管理世界》1995 年第 3 期。

土地所有权中独立出来，并不是否定其财产权的独立性原因，相反，其恰恰是作为一项独立性财产权的标志。因国家强制性的审批或许可就否认其作为一项独立性的财产权或认定其是一种警察权，都是不可取的，也与当下中国土地财产权的发展规律不相符合。因而是错误的。

4. 土地规划权具有形塑现代土地产权的功能：分配土地开发额度但需要利益平衡

从土地规划权而言，土地规划权作为一种公权力，其具有分配土地开发容量的公共职能。土地规划权的行使，不是直接产生土地开发权，而是基于维护土地利用秩序——保护耕地、预防和避免恶劣的建筑环境、保护生态环境、保护古建筑等目的，对土地开发利用的限制及其开发额度的重新分配。尤其是利益主体多元化和利益群体矛盾达到一定阶段之后，土地规划权行使的实质"就是开发权的配置，对各类产权进行管理及对未来使用权的使用提供法律基础的过程"。① 这种规划权对土地所有权以及其他土地财产权形塑功能，本质上是国家

① 何明俊：《建立现代产权基础之上的城市规划》，《城市规划》2005年第5期。

权力参与界定和分配财产权的表现，其背后的理论基础
在于：基于主权的公权力在近代从财产权分离出去，从
而更好地实现土地财产权的经济功能，避免公权力干扰
财产权的运行。但是，即使在财产权从公权力分离之
后，也离不开主权国家对财产权的法律保障。正如有论
者所言："通过立法权的行使来界定财产权保障的范围、
确定财产权的法律秩序而得以实现；司法权公正合理地
行使则是为更好地使财产权纠纷得到救济。"①

尤其是私人的土地开发行为越来越与社会公共利益
产生矛盾时，亟需对原有的土地所有权以及其上土地开
发行为进行规制。因为严重的农地流失、交通不畅、恶
劣的居住环境、过分集中工业布局等严重困扰整个经济
社会的发展，"前所未有地突显出强化国家土地管制的
必要性……政府必须更加积极有为地干预和控制私有土
地财产"。② 因此，在这种背景下，具有国家公权力浓
厚色彩的土地规划权登场，成为推动土地财产权进一步
分化或多元化的助推器。

---

① 吴胜利：《财产权形成中的公权力规制研究》，《学习与探索》
2017 年第 11 期。

② 彭錞：《土地发展权与土地增值收益分配——中国问题与英国经
验》，《中外法学》2016 年第 6 期。

关键的问题是土地规划权的行使过程中，土地财产权人因原有开发容量增减或开发性质的改变等因素，所导致其土地开发收益上的"暴涨"或"暴损"等严重不公平问题，如何在制度上进行有效平衡。说到底，要不要给予受损者相应的补偿，要不要将因规划收益上的"暴涨"者征收相应的税费，以此来平衡因规划所导致土地开发性质改变或开发额度分配等所带来的不公平。这就需要非常复杂的法律技术上的设计。因为导致土地开发收益上的"暴涨"或"暴损"除了规划之外，还有很多其他因素，如基础设施建设、人文地理环境等各种因素；而且规划本身也是随着经济社会的发展而不断表现出宽严不同的态度。如这个时期要发展重工业，可能相关工业用地开发容量或其他用地转化为工业用地政策环境便较为宽松，其他用途土地开发就有可能管制的比较严格。但是随着经济社会的发展，人们对居住空间要求的提升，居住用地开发审批就有可能就为宽松。因此，土地开发容量的分配在每一个阶段呈现出不同的总体上的宏观管制，但是，从整个城市或地区发展而言，可能每一个区域的土地开发容量具有总体上的平衡。因此，当下就无法判断未来某块土地开发容量或土地开发性质等开发利益的绝对值。

如何处理国家规划权与私人土地开发之间的矛盾。各国根据自己不同的实践形成了不同的模式。英国就是将全国土地开发权确定一个总额，按照 1939 年 3 月 31 日评估各地块开发权价值，按比例切分补偿各土地主。然后再强制性地一次性、整体性买断开发权。"国家设立总额三亿英镑的补偿基金，一次性买断全部发展权，此后政府拒绝开发申请无须再补偿。"① 征收补偿标准调整为一般性开发禁止下的土地现用途价值。也就是说，英国是根据某个时点评价出的各地块开发权价值，在保留原有土地开发基础上，对未来土地开发设定一般性禁止的方式（开发许可制度）来处理私人土地开发与公共利益的平衡问题。土地开发权被国家收买后，但土地本身仍然保持私有，这就使得土地开发性利益和土地所有权等发生的分离。"从此任何私有土地只能保持原有性质的占有、使用、收益和处分之权，政府以土地利用规划作为开发的配给机制，规定土地使用性质和开发强度。私人土地是允许开发还是限制开发，需要国家通

---

①　彭錞：《土地发展权与土地增值收益分配——中国问题与英国经验》，《中外法学》2016 年第 6 期。

过规划许可制度。"① 这种方式是国家通过从私人手中一次性购买土地开发权的方式,来获取土地开发一般性禁止的方式,土地开发者要想获取土地开发权必须通过有偿申请的方式,从国家手中来购买土地开发权。而购买土地开发权的费用为土地开发而增值的 100%,即土地的买主要想进行土地开发,必须要购买土地,同时还必须付给国家开发费。这严重制约了英国土地开发市场的发展,几经周折,最终于 1985 年以后通过以下两种方式取代了开发费的直接付出:"一种是地方政府与私人开发商进行谈判,与后者签订'规划合同',后者承诺进行一定的公共基础设施建设,如修建学校、公园、道路等,然后获得开发许可;另一种则是把这些建设直接规定为颁发规划许可的前提,故称'规划义务'。"② 即通过提供政府需要开发商提供的社会公共产品就可以了。这大大减轻了开发商的经济负担,推动了城市开发的进程。

---

① 周剑云、戚冬瑾:《城乡规划与开发权及开发活动的关系》,《城乡规划》2006 年第 12 期。

② 彭錞:《土地发展权与土地增值收益分配——中国问题与英国经验》,《中外法学》2016 年第 6 期。

美国与英国不同的是，其不是整体性的买断开发权，而是根据地方政府（通常是以县为单位）分区规划根据不同性质的土地，确定不同额度的开发容量，并确定这种开发性潜在利益属于产权人的模式。根据地方政府的分区规划，"将用地功能分为农业、森林、矿产、农村、住宅区、城市储备用地、商业区、办公区及工业区。并根据具体情况，对不同的功能给予不同的开发密度"。[①] 通常国家为了保护优质农田耕地过度开发、湿地保护、历史古迹保护、保护环境敏感地带等方面，可以从土地产权人购买土地开发权，而且这种土地开发权购买政府作为购买方是与土地产权人通过协商和契约的方式来达成。当然，土地产权人为了获取开发权的收益，可以按照分区规划自己开发，也可以将自己分配的开发空间转移给别人，以促进土地开发利用的效益最大化。当然在土地开发权转移过程中，涉及开发权发送区区位、发送区土地面积以及发送区有待保护的公共利益等因素来确定发送区；也涉及土地接受区的认定与评

---

① 洪霞、郭磊《美国土地开发权转让政策浅析——以华盛顿州金县为例》，《持续发展 理性规划——2017 中国城市规划年会论文集（14 规划实施与管理）》（2017 年）。

估，以及土地开发权价值的评估等复杂的制度设计。但是，土地开发权作为一种独立的财产权始终没有因为土地的规划权而被削弱或否定。

这里一个核心问题就是：土地规划权的行使的正当性是建立在对私人土地开发权的尊重的基础之上的，其前提是尊重土地开发权私人所有。只不过为了避免"市场和私人主导下土地利用无序和低效之覆辙，政府必须更加积极有为地干预和控制私有土地财产权"。① "土地规划权产生的动因是土地利用关系的日趋复杂与土地资源紧缺，需要矫正土地利用中的外部性，以弥补土地利用中私法救济之不足，背后是公权力功能的转变。"② 但是控制和干预土地财产权的行使，是在尊重土地财产权的基础上进行的。从本质上而言，土地规划权等公权力的行使只不过是利用现代规划技术，对于土地所有权中的土地开发容量进行整体上管控，并在此基础上，按照开发规划并符合社会公共利益的方式来从新配置土地开发容量，但其本质上并不创造土地开发空间。正如有论

---

① 参见彭錞：《土地发展权与土地增值收益分配——中国问题与英国经验》，《中外法学》2016 年第 6 期。

② 吴胜利：《土地规划权与土地财产权关系研究》，西南政法大学2015 年环境与自然资源保护法学专业博士学位答辩论文，第 2 页。

者所言："土地规划权介入到土地财产权，目的仍是立足于土地财产权的保障。土地规划权的介入应是辅助性的，介入时不能干扰财产权的内部运行。土地财产权运行规则首先是遵守私法的运行规则，土地规划权型塑后，土地财产权人在其权利范围内应可依据其自由意志行使权利。"① 因此，从这个意义上，"规划权的实质就是开发权的配给，……是土地所有权性质决定城乡规划编制的实质"。② 而不是相反。笔者认为，土地开发权在制度层面的产生主要是为了避免土地利用的负的外部性，通过土地规划权的实施将土地所有权中进一步分割出一种开发利用权，这种开发利用权在实质意义上就是一种土地开发权。这项权利的形成并从土地所有权中独立出来，是土地规划权对土地所有权不断形塑的结果。③

---

① 吴胜利：《土地规划权与土地财产权关系研究》，西南政法大学 2015 年环境与自然资源保护法学专业博士学位答辩论文，第 71 页。

② 周剑云、戚冬瑾：《城乡规划与开发权及开发活动的关系》，《城乡规划》2006 年第 12 期。

③ 对于"形塑"一词，按照笔者的理解，不仅是国家公权力通过立法或规划等来限制土地所有权，并产生一些新的权利，国家公权力和规划仅仅是一种辅助手段，而不是相反。参见吴胜利：《土地规划权与土地财产权关系研究》，西南政法大学 2015 年环境与自然资源保护法学专业博士学位答辩论文，第 58 页以下。

但是，土地规划权等在新的土地财产权形成过程中，仅仅起到辅助和保障性等作用或功能。就事物的本质而言，土地所有权依然是具有基础性权利或母权的地位或功能。看不到这一点，就无法理解土地开发权作为一项私权的性质和定位，也就无法揭示出其本身所具有的财产权的功能和价值。因此，笔者认为，从土地开发权的来源而言，尽管其与规划管制权有着千丝万缕的联系，但是，其并不因为规划管制权的介入就丧失其独立财产权的身份或地位；恰恰相反，其因土地规划管制权强化，其独立财产权的属性更为彰显和突出。

三、 土地开发权具有独立的权利内涵

在中国，土地开发权作为一项制度性事实，其是否具有自身独特的权利内涵？对这个问题回答或研究，关系到土地开发权能否成为一项独立财产权学理判断。笔者认为，土地开发权有着自己的独特的权利内涵。这主要表现以下几个方面。

1. 土地开发权权利主体

解决了土地开发权的来源问题，还需要思考与探索土地开发权的权利主体问题。这是现代权利制度产生的基础性条件。"正是基于主体制度，诸如权利、法律行为、责任等民事制度设计才能得以全面展开。法律的一切制度无不围绕着如何保护善意主体、惩戒恶意主体，协调主体之间、主体和社会之间的利益关系而设计。整个私法就是一系列由主体参与各种私活动所形成的权利义务关系。"[①] 而主体在土地开发权制度上而言核心问题在于：土地开发权应为谁享有的问题。关于这个问题，国际通行的做法都是归属给土地所有权人或者土地使用权人。从比较法的角度而言，无论是美国，还是英国，它们的土地开发制度设计中基本上都是将土地开发权归属给产权人，而不是国家。国家公权力虽然在土地开发权形成过程中起到了形塑的作用，但是，这种限制或形塑主要是在承认和尊重土地开发权作为一种独立性财产权而授予土地产权人的。无论是英国的土地开发权的一次性、整体上的买断，还是美国土地开发权私人所

[①]　彭诚信：《现代权利理论研究》，法律出版社 2017 年版，第236—237 页。

有，都体现了这种权利归属主体的制度偏好。"私人利益必须服从于国家管制。这样一个必然结论并不意味着个人的主动性和创新性将受到压抑，……国家应决定个人的主动性和创新性在何处运用"。① 也即国家对土地开发容量可以通过规划的方式，进行引导、修正、控制，但是基本前提是要承认其是一种产权人可以预期的开发性利益。

我国的土地开发权在实践中主要表现城乡二元差异。按照我国《宪法》第 10 条第 1 款和第 2 款的规定："城市的土地属于国家所有。农村和城市郊区的土地，除由法律规定属于国家所有的以外，属于集体所有；宅基地和自留地、自留山，也属于集体所有。"即城市土地基本上都是国有土地，农村土地基本上都是集体所有。

城市国有土地基本上都是国家所有和私人占有。这里要区分为已经出让的国有土地和没有出让的国有土地。没有出让的国有土地，其土地开发权还属于国家。因为按照土地开发权来源于所有权人的原理，理应属于

---

① 参见彭錞：《土地发展权与土地增值收益分配——中国问题与英国经验》，《中外法学》2016 年第 6 期。

国家，尽管实践中代表国家行使所有权的都是各级地方政府。但不妨碍我们在法律上作出这样判断。

对于已经出让的国有土地，其所有权被国有土地使用权等用益物权所限制，但在国有土地出让合同中已经将一定的土地开发权转让给土地使用取人。甚至有学者坦言："国有土地的初次转让，也就是从国有土地向其他组织和个人的转让过程中，实质转让的是开发权。"①对此我国《城乡规划法》第 38 条第 1 款明确规定："在城市、镇规划区内以出让方式提供国有土地使用权的，在国有土地使用权出让前，城市、县人民政府城乡规划主管部门应当依据控制性详细规划，提出出让地块的位置、使用性质、开发强度等规划条件，作为国有土地使用权出让合同的组成部分。未确定规划条件的地块，不得出让国有土地使用权。"这些规划条件中就有土地开发容量等内容，而且对于国有土地使用权出让合同已经明确的"出让地块的位置、使用性质、开发强度等规划条件"，建设单位和城市、县人民政府城乡规划主管部门都不得擅自改变，必须严格执行。使用者若需要更改

---

① 周剑云、戚冬瑾：《城乡规划与开发权及开发活动的关系》，《城乡规划》2006 年第 12 期。

用途和开发强度，必须征得有关部门同意，并报原批准用地的人民政府批准，同时补交有关费用等。从这些规定来看，我国法律规定已经出让的国有土地使用权中是包括土地开发权的，甚至最有价值的就是土地开发权。因此，从这个意义上而言，这部分土地开发权应该属于土地占有人享有。其权利来源在于国有土地所有权人的转让。

对于农村土地开发权，按照现行法律规定，农村土地可以划分为农村建设用地、农村宅基地和农用地等类型。这些农村土地的所有权基本上都属于农村集体。因此，其相应的土地开发权也属于集体。但是，由于集体成员与集体在土地所有与利用的关系是一种总有关系。① 因此，基于成员权所获得承包权、资格权和农村建设用地使用权等，都具有以集体成员权汇总构成总体上集体所有权的特点，并具有成员以集体名义享有和占用集体土地所有权的特征，且其与大陆法系上的用益物权有着显著的区别。因此，我国农村土地开发权总体上形成一种事实上由集体和集体成员共享的格局。

---

① 详细分析，参见孙建伟：《论宅基地"长期使用"权》，《暨南学报》（哲社版）2016 年第 3 期。

具体而言，对于农用地而言，由于国家通过规划权和用途管制权，将事实上的土地开发权控制在保持农业用途上，但是这种控制不是基于购买而获得，而是基于行政强制式的管制。导致我国在城市化过程中，城市和农村建设用地挤占很多农用地，造成耕地保护整体效果不佳。尽管我国出台世界上最严厉的耕地保护制度，但是由于对土地产权人补偿和激励措施不够，导致耕地保护措施不力。有的研究者在十多年前就指出："目前珠江三角洲村镇在城市化的过程中，土地利用最迫切需要是保护农田和集约节约使用土地的问题，其中保护农田是难度最大的任务。农民在市场利益的驱动下自然追求更高的土地价值，希望将农用地转化为建设用地，而地方政府在促进地方建设和发展的压力下，往往对农用地功能转换采取默认态度，最终只有中央政府是站在宏观和区域利益的角度关注农田保护的政策。"[1] 对此，域外很多国家或地区（如英、美、日等）都面临耕地保护难题，最终选择运用土地开发权制度平衡耕地保护和产权保护之间的利益冲突问题，并在实践中取得了良好

---

[1] 周剑云、戚冬瑾：《城乡规划与开发权及开发活动的关系》，《城乡规划》2006 年第 12 期。

的效果。这些国家运用土地开发权制度不仅有力促进了耕地的保护，而且也推动了城市建设用地的集约化利用。在这方面可以给予我国很多有益启示。对此，笔者认为对于农村土地，无论是农用地、农村建设用地还是宅基地，都应该将开发权赋予集体和集体成员，由他们共享，并在适当条件可以进行上市交易。①

2. 土地开发权的客体

"权利客体是对权利设立在何种基础之上的说明"。"权利的客体是立法者通过授予主体法律上的权利予以保护的利益的具体化。"② 而这种利益表现在土地开发权客体上就是为立体维度下的土地空间容量。对此，学界有人认为土地开发权的客体是土地的发展性利益。③笔者认为，这种观点没有看到发展性利益本质上就是土地开发性利益，而这种利益的获取本身就是土地开发容量或开发额度的获取。长期以来，无论是对土地法律制

① 关于农村建设用地的开发权的归属问题的分析，参见孙建伟：《建设用地置换视域下土地发展权的法理基础与制度构造》，《暨南学报》（哲社版）2017 年第 12 期。

② 方新军：《权利客体的概念及层次》，《法学研究》2010 年第 2 期，第 40 页。

③ 刘国臻：《论土地发展权在我国土地权利体系中的法律地位》，《学术研究》2011 年第 4 期。

度研究还是制度设计，都主要立足于平面维度来展开，最为典型的例子是我国《物权法》建设用地使用权，这一章，除 136 条对建设用地使用权分层设立作了宣示性规定外，其他条文几乎都是立足于平面维度对建设用地使用权展开制度设计，而对建设用地使用权之上的一定土地开发空间容量却相对忽视。实际上，在土地资源优化配置的当下，如何最大限度地实现土地资源的优化配置，绝不仅仅要对传统平面维度下的权利四至范围作划定并建立权利，更主要是对立体维度下的土地上的土地空间开发容量展开权利的配置。随着我国城镇化深入推进，尤其是现代建筑技术的不断发展，未来我国土地法和物权法的转型，必将是一个从平面开发向立体开发迈进的方向。那么对于理论而言，接下的任务就是从立体维度层面对空间这个资源，从权利体系化角度展开配置，使用土地开发权更能体现出其作为土地开发容量价值和功能，而且是一种不可缺少的权利，这在城市规划对空间容量配置的当下非常必要。

土地开发权本身是通过土地用途管制或城乡规划等规制而凸显出来的一种财产权。而这种开发权具有财产权稀缺性和独立性以及可交易的特点。最为关键的问题是，有了相应的土地开发权或者通过开发权交易，不仅有可能在开发利用的空间上实现增量开发权利，而且还有可能使得土地所有权和使用权的本身的价值具有极大地增值的空间。尽管土地开发权存在本身说明土地权利人所有权受到法律规制的结果。如果没有法律对开发空间的限制，也就没有开发权问题。与此同时，土地开发权的存在也是运用法律进行土地开发容量进行有效分配的一种技术。如无论是土地由农业用地转变为非农建设用地，还是土地开发强度的增加，都使得该地块开发空间和开发价值得到迅猛增长。因此，在这个意义上而言，土地开发容量分配的性质和多少，决定了土地所有权和使用权本身在什么层次上或在什么性质上进行利用，以此带来的增值利益空间也是不同的。

但是，对于由于受到规划限制而无法进行土地转性或无法进行高强度的开发的地块，规制者要对权利人受损的利益进行补偿。这需要对这种规制的程度进行考量，如果规制的程度已经达到变相征收的地步，就应该由国家给予合理的补偿。如果规制的程度可以通过财产权的社会义务来进行论证，且这种规制所带来的损害可以通过开发权的交易来进行补偿，则权利人必须要遵守法律的规定，不得进行转性或高强度开发。因此，土地开发容量有无及多少，直接关系到土地使用收益的大小。

实践中，土地开发容量与容积率的存在密切联系。两者在土地开发权配置中具有重要地位，但也有区别。土地开发容量的测量标准就是容积率。所谓容积率就是"建筑物地面以上各层建筑的面积的总和与建筑基地面积的总和"。[①] "在土地开发实践中，判断土地开发权人支配土地开发容量大小的标准是土地开发的容积率。"[②] 因此，容积率是土地开发容量或土地开发强度的测量单位。

土地指标与土地开发容量的关系。笔者曾撰文专门针对土地指标与土地开发权的关系进行了相对系统的论述。这其中有个最为重要的问题就是，土地指标是通过行政指令性方式，从中央进行配置的。这种指标配置为各地方进行非农建设开发提供上限；但在行政计划性指标配置之外，中央又鼓励地方通过宅基地置换等制度改革试点，推进存量农村建设用地的集约化利用，以便在

[①] 肖军：《论城市规划法上的空中空间利用制度》，《法学家》2015年第5期。

[②] 沙文韬：《中国土地开发权制度研究》，华东政法大学2008年经济法博士学位论文，第18—19页。

行政指令性配置之外，提供激励性增量指标。以便为本地区在行政性指标配置之外，提供更多的非农建设用地和开发空间。对此，我国逐步走上土地开发容量的双轨制配置的道路。但是，细细研究可以发现，这种基于中央行政化配置的土地指标，本身也是基于各地的土地利用现状、人口、自然环境特点等因素进行设置的，其行政权行使的基础还是建立在农村土地产权集体所有制基础之上的。只不过国家基于行政规划权等方式，将各地土地开发容量按照有助于实现土地利用公共利益最大化的方式进行统一管理和配置的，尽管这种配置通过法律的方式，有点过于强制和苛刻。如，我国《土地管理法》第 43 条和第 63 条，明确规定农村土地使用"局限于农业用地和集体成员自身为农业生产生活需要的低密度建设"。但这种限制本身由于激励性不足，实践中很多非法用地屡禁不止，成为当前我国土地管理的一大顽症。从粮食生产的角度而言，有研究指出，"现行土地管理制度剥夺了农村集体经济组织农地发展权（土地开发权）"，导致"粮食生产供给侧结构失衡问题"突出。① 这种状

---

① 祝洪章：《土地发展权交易与粮食生产利益补偿机制》，《学术交流》2016 年第 6 期。

况本身说明，土地开发容量应回归土地产权人，尤其是农村集体和集体成员所共享。未来，如何将土地指标行政指令性的配置转换到土地开发权财产权化配置，则是回归现代土地与空间开发权规则构建的必由之路。

3. 土地开发权的权利内容

分析土地开发权的权利内容，需要在具体的法律关系中进行考虑。从土地开发权的形成过程来看，土地开发权首先是土地所有权中的土地开发利用受到土地用途管制、分区规划限制的过程。在此过程中，其主要分配原则根据不同的土地性质，给予不同的土地开发容量。因此，国有土地其土地开发容量在我国是属于国家，并被各级政府所掌握。但要区分已经出让的和没有出让的土地。没有出让的国有土地，土地开发权属于所有权人。已经出让的土地，其按照出让合同规定的容积率，这个容量属于土地占有权人。按照土地出让合同在该土地上没有被开发的容积率，国家有权再设定相应的开发权，以便为未来土地开发、地上空间权有效利用提供法权基础。当然，按照我国现行法律规定，原则上不得调整容积率。但是，现行实践中也有相关政策在不断突破。如原国土资源部《关于严格落实房地产用地调控政策促进土地市场健康发展有关问题的通知》（以下简称通知）〔国土资发〔2010〕204 号〕规定："坚决制止擅自调整容积率行为。经依法批准调整容积率的，市、县国土资源主管部门应当按照批准调整时的土地市场楼面地价核定应补缴的土地出让价款。"为配合该通知，各省市出台配套政策规定：国有出让土地的容积率原则上不得调整，但在不影响国家利益和公众合法权益的前提下，符合一定条件的可改变土地用途、调整容积率。①该项权利内容主要是赋予土地开发者按照出让合同约定进行土地开发的权利；与此同时，土地开发者也要承担相应的土地出让金和积极履行土地出让的义务。因此，在这个过程中，我们可以看出，在我国城市国有土地开发权的配置过程中，土地开发权是随同土地使用权一起打包配置给开发商的，在此过程中规划权和土地开发权配置的过程合一，导致权力和权利互通，政治权力和经济权利高度融合。从而使得我国土地开发权在实践中被隐蔽掉，非常不利于我国土地权利上公私利益的平衡。对此，有论者已经指出，土地使用权出让金不是土地开

---

① 刘爽、赵华甫等：《浅析调整容积率补缴土地出让金政策的实施》，《中国土地》2018 年第 6 期。

发权的对价；征收农民集体土地的补偿费也不包括土地
开发权的对价。房地产老板开发土地，应当向原土地所
有权人支付土地开发权对价。①

对于农村土地而言，按照不同土地利用性质可以进
行分析。对于农用地而言，我国法律整体上是将土地开
发权收归国有的。为了保护耕地，政府严格禁止农用地
转用，这本身无可厚非。关键的问题是这种土地管制是
不是要给集体农用地产权人相应的补偿。我国法律规定
不予补偿，其实质意义上而言，就是将农用地的开发权
收归国有。国家通过征地等方式，"有选择地将开发权
出售给开发商，国家保障了土地的规模集中利用，同时
获取了巨额的出让金收入，而农民被排斥在开发权之
外，其所得补偿局限于原有的农地用途"。② 这种权利
的配置不符合世界主流发展趋势。因为仅仅通过管制而
不给予补偿的强制性规定，致使我国土地管制较为机械
和僵化，缺乏活力和弹性。虽然监管世上最严，但由于
激励和奖励措施过少，制度实施的法律效果和社会效果

---

① 刘国臻：《房地产老板之暴富与土地发展权研究》，《中山大学学报（哲社版）》2007年第3期。

② 李凤章：《开发权是农民土地权利建设的核心》，《社会科学报》2014年7月24日，第002版。

欠佳。笔者认为，这方面应结合农地保护的实践进行制度改革和创新。对此，有论者指出从 2006 年我国开展的农业补贴，正是"国家对于农民土地开发权的购买"，而且这些补贴大都直接补贴给农户即土地承包经营权人，而不是农民集体。这是一大创新。与此同时，可以参考美国和法国经验，赋予农用地低密度开发权，但可以基于耕地保护和土地占补平衡等法律原则，对其进行限制或禁止开发，限制和禁止开发不是剥夺其开发的权利，而是开发的权利可以从其所有的地块，转移到符合条件的城郊鼓励开发的地区，以便为促进开发权交易提供市场和制度基础。从而在原有农地上建立一种保护性地役权。即已经转让过开发权的农地只能按照农业用途进行利用，而不能进行非农开发利用。这一方面提高农民从事农地农业用途的积极性和主动性；另一方面也为国家规划权和土地用途管制权的实施提供正当性和可行性的基础。

根据上述原理，农村集体建设用地也是如此。但应保障其优先开发权。即在符合规划、用途管制等条件下，农村集体的建设用地，可以自己开发利用，并应该在法律上具有优先权的地位。对此，英国的开发商和原土地权利人在开发权利用过程中产生权利冲突时，土地原权利人享有优先开发权的做法可资借鉴。应保护原土地产权人优先开发土地的权利。[1] 当然，集体或集体成员也可以将其开发权进行转让，以便获得相应的不动产收益。对于农村宅基地而言，该土地的功能主要是为了保障农村居民居住权，且具有福利性和保障性法律性质。因此，其原则上只能进行农村居民自建住房。但农村集体或成员为了集约和节约使用宅基地，在户均法定人均面积以下节约的剩余宅基地，可以赋予其土地开发权，并可以进行上市流转。如实践中农村宅基地置换所结余的土地指标，通过市场化拍卖，逐渐将所获得收益回归给农民和农民集体；重庆推行的地票制度，地票"作为建设用地[2]进行开发的指标，很显然代表的就是土地开发权"，明确了土地开发权归属于土地使用权人（农民）并允许交易。其背后的法权基础也再与此。

---

① 参见顾长浩、李萍：《城镇化进程中集体土地开发利用若干法律问题分析》，《东方法学》2015 年第 6 期。

② 这里需要说明一下，农村宅基地在法律上与农村建设用地划分为不同的用地类型；但在地方改革试点实践中，则将宅基地作为农村建设用地对待非常普遍。

四、结　论

土地开发权作为一项独立的财产权,其来源于土地所有权,但基于土地规划权而从土地所有权中分离出来,并逐渐获得现代土地产权意义上的财产权价值。在此过程中,我们需要重新审视土地规划权等公权力与土地所有权之间的关系。现代意义上的土地产权关系的重构离不开规划权,规划权在形塑新型土地财产权上,越来越发挥着产权构建的地位和功能。但本质上而言,其与土地所有权相比而言,土地所有权依然是土地开发权等新型不动产权利的母权。规划权是为解决土地利用中等不动产开发负的外部性及其公共利益之间的矛盾,而重新分割和管制土地开发强度,但这并不改变土地开发权作为一项独立的财产权的法权价值。土地开发权在我国土地产权构建中越来越重要,并在实践中已经成为一种事实上的财产权,并初步具有自己权利独有的内涵。在权利主体上,国有土地的开发权没有出让的,属于国家;已经出让的,按照出让合同规定的容积率,这部分土地开发权原则上应属于土地占有人享有；超出出让合同规定的容积率，其依然属于国家所有。但国家应该设置相对弹性的开发权增减规则，以便推动我国土地开发权，随着经济、社会的发展而不断进行调整。对于农村土地，其土地开发权应赋权给农村集体和集体成员，并由农村集体与集体成员共享。

第六章　土地开发权的生成路径

在确立好土地开发权的财产权性质之后，需要进一步研究的是土地开发权的具体来源，尤其是土地开发权与土地规划权和土地所有权之间的关系。土地开发权如何生成，其来源于何处，是土地开发权研究中不可回避的问题。土地开发权的生成路径与土地开发权的性质密切相关，也一定程度上决定了相关收益的分配。

土地指标的核心问题在于土地用途的变更以及开发容量和空间扩张。从权利视角来看，这些问题分别对应着土地开发权等学理问题。从土地开发权的来源而言，土地开发权的实质内容并非源于土地规划权，而是来自所有权。从土地开发权的性质而言，应当将土地开发权定义为一种新型的用益物权。从土地开发权的功能而言，作为独立的用益物权，土地开发权能够为土地规划等行为提供正当性基础，并且为集体及其成员的正当利益提供法律依据。

一、 问题之提出

宅基地置换（以下简称置换）是我国在现有土地指标管理制度框架内，将整治农村建设用地结余的土地或土地指标部分转移至城市规划区的改革探索。面对严峻的耕地保护形势和城市化建设的迫切用地需要，地方政府在中央政策的引导下进行多种相关的政策性实践。总体上而言，宅基地置换制度使得我国的土地指标供给具有双重来源：一是国家计划分配的土地指标；二是整理农村建设用地后结余的土地指标。而笔者主要将研究对象限定为整理农村建设用地后结余的土地指标。这主要是因为，通过农村建设用地整理结余的土地指标具有财产权上的制度内涵，而通过国家计划分配的土地指标，由于是一种行政调配，市场化属性较弱，而无法对其财产价值进行法权上的定位。土地指标的核心问题在于土地用途的变更以及开发容量和空间扩张等。从权利视角来看，这些问题分别对应着土地开发权等学理问题。

置换过程中，各方的诉求均围绕着土地指标展开。可以说，土地指标是宅基地置换改革中的核心问题。①在学理上将土地指标的法律问题归结为土地开发权。从土地开发权角度研究土地指标交易的有关法律问题。② 笔者认为这种观点和思路整体上较为妥当，但也应看到土地指标与土地开发权之间存在现实的区别。事实上，宅基地结余的土地指标与土地开发权之间的关系是较为复杂的一个学理问题。从土地开发权的角度而言，土地开发权是土地用途变更或土地开发利用强度发生改变的权利；而土地指标，尤其是通过置换

---

① 孙建伟：《城乡建设用地置换中土地指标法律问题研究》，《法学评论》2018 年第 1 期。

② 如唐薇：《建设用地指标交易的制度局限及法制应对——基于成渝建设用地指标交易实践视角》，载《农村经济》2019 年第 1 期，第 43 页；李新仓、阎其华：《土地开发权转移框架下我国建设用地指标行政配置的法律规制》，载《广东社会科学》2018 年第 5 期；折晓叶：《土地产权的动态建构机制——一个"追索权"分析视角》，载《社会学研究》2018 年第 3 期。

整理而增加的农村集体建设用地指标，是在中央下拨给地方之外额外获得非农用地开发的额度；两者名称不一，但是在土地用途变更和开发强度变更问题上具有相同的功能。因此，不可否认的是，宅基地置换实践中土地指标的交易同土地开发权交易较为类似。①地指标的视角来看，在置换过程中，集约利用农村建设用地结余的土地指标，将转化为城市建设所需的建设用地指标。这一交易过程所涉及的客体并非具体的土地，更类似于开发建设的资格抑或开发容量。事实上，置换中的土地指标与土地开发权交易中的土地开发容量能够彼此对应。从土地开发容量的角度而言，在某种程度上可以将土地指标作为开发容量的来源：宅基地置换制度使地方政府得以在国家计划分配的指标之外另辟蹊径，通过节约利用现有农村建设用地的方式为城市化建设提供建设用地指标。

然而，我国的土地指标制度同域外的土地开发权亦存在区别。两者有许多功能或内容较为相似，但很难说，土地指标就是土地开发权制度。两者受制于各自的

① 程雪阳：《土地发展权与土地增值收益的分配》，《法学研究》2014年第5期。

历史背景，在内容上也有很多差异。① 土地指标制度是
国家为应对城市建设用地与农村建设用地同时增加占用
耕地的局面，为了保护耕地、平衡城市化建设与耕地保
护的矛盾而采取的政策。宅基地置换制度中的土地指标
业已成为地方政府在耕地保护压力下挖掘潜在建设用地
资源的调控工具。而域外相关的土地开发权制度则是因
为对土地的开发强度有别，为了补偿权利受到限制的土
地所有权人而做出的制度设计。

从本质上而言，土地指标与土地开发权的上述差异
分别体现不同的开发权配置模式。我国现行的土地指标
管理模式属于开发权的行政配置模式，而域外相关的土
地开发权制度则体现了开发权的市场配置模式。因此，
置换过程中的土地指标制度同域外土地开发权制度具有
一定的差异，实现开发权从行政配置到市场配置的转变
将面临诸多困难。但置换实践已经在不同程度上显现出
开发权配置的市场化倾向，② 这有助于实现指标交易与

① 孙建伟：《城乡建设用地置换中土地指标法律问题研究》，《法学
评论》2018 年第 1 期。

② 张先贵：《农地开发许可权市场化改革的法理逻辑——兼论私法
的方式如何实现土地管理的目标》，《暨南学报（哲学社会科学版）》
2018 年第 4 期。

开发权交易的衔接与融合，在置换过程中实现指标交易市场化等目标。

宅基地置换是国土空间用途管制中合理利用土地、保护耕地的重大举措，其涉及如何运用土地开发权来有效配置建设用地问题，目前学界研究存在薄弱，如对土地开发权定位错误、来源不清、功能及立法存在漏洞等问题。为此，本书尝试指出这些问题，并尝试在学理上进行探究。

二、 土地开发权之来源

目前，学界对土地开发权的来源问题存在较大争议，其是来源于所有权还是规划权是争议的焦点问题。虽然土地开发权制度中渗透着国家管理的因素，但这并不妨碍土地开发权成为一项独立的私权利。土地所有权是土地开发权的来源，所有权的社会义务则是土地开发权的理论背景。[①] 近代以来，各国逐渐承认所有权社会

---

① 孙建伟：《城乡建设用地置换中土地指标法律问题研究》，《法学评论》2018 年第 1 期。

化理论，并借助规划等法律制度对土地的空间利用行为加以规制。但所有权人的社会义务亦有一定的作用范围与界限。① 这一限度成为了土地开发权得以形成与发展的空间。土地开发权在国家管制土地用途并行使土地规划权的背景下产生和发展。但土地规划权并非土地开发权的来源。土地规划权是对所有权的限制，规划权只有同所有权相结合，方可孕育出土地开发权。土地开发权的实质内容并非源于土地规划权，而是来自所有权。② 在法理意义上，土地开发权是土地规划权的正当性基础。③ 土地规划权表达了对土地所有权的限制，土地规划权所限制的对象亦为土地开发权所涉及的内容。将土地开发权作为一项独立的财产权利，有助于保护土地所有权人的权利，为土地规划权提供充分的正当性基础。

对此笔者尝试从以下两个方面来进行展开：

首先，从土地开发权与规划权的关系而言，土地用

---

①　张鹏、高波：《土地准征收与补偿：土地发展权视角》，《南京农业大学学报（社会科学版）》2015 年第 2 期。

②　张先贵：《法语境下土地开发权是如何生成的——基于“新权利”生成一般原理之展开》，《求是学刊》2015 年第 6 期。

③　张先贵：《中国法语境下土地开发权理论之展开》，《东方法学》2015 年第 6 期。

途和开发空间的变更需要土地规划的具体实施。从土地用途自身而言，将其规划为农业用地和非农业用地无可厚非，但是，其获得的规划利益却存在天壤之别。在某种意义上而言，规划本身具有使土地开发利益爆损或暴涨的效果。在农村建设用地置换时，将城市规划区外的农村建设用地复垦为耕地，而将多余的土地指标转移到城市规划区内，这使得城市规划区内的原有农地获得土地用途变更的资格，而且使得相关土地开发空间获得扩张；而城市规划区外的郊区，则失去了本来可以用于非农开发的土地开发量和相应的开发空间。而这些变更或调整都是通过土地指标的行政化配置形成的，尽管各地推行的过程中有交易环节，但是总体上而言，这些交易并没有充分体现土地指标背后所体现的开发权的对价。最后导致的结果，就是城市规划区内的城市开发建设获得较为充分的发展，而城市规划区外的郊区城市开发建设贡献了土地开发的资格或开发利益，结果导致城市开发地区越来越富，而无法得到城市开发的地区则越来越贫穷的局面。

这种局面形成的原因，主要是我们在认识上将土地规划权作为土地开发权的来源所致。从土地开发权的来源上而言，其主要是土地所有权受到土地规划权等公权力规制的结果。在这方面，有着多元的理论背景，但最基本的理论背景是，土地所有权因为要受到公共利益的约束，而不得不从所有权内涵上的绝对性向相对性转变，尤其是国家公权力可以基于公共利益的目的，而对土地所有权进行征收和限制。从征收的角度而言，国家基于公共利益和正当程序，并给予权利人充分补偿的条件下，国家可以强制性征收土地所有权；但是，这种征收并不是基于公共利益使用土地所有权的形态，甚至都无法说是一种常态；更多的情况下，是土地所有权在权利取得、权利利用、收益、处分、以及排除他人干涉等限制；而这种限制更多的情况下是国家公权力基于公共利益的正当理由，而对土地所有权的一种限制；对于这种限制是不是要给予相应的利益损害方相应的补偿，学理上发展出两种基本的模式，一种是基于社会义务的正常限制，且公权力没有补偿的义务；一种是基于社会义务的非正常限制，且这种限制需要公权力给予相应的补偿。而对于如何区分社会义务的正常限制和非正常限制，学理上发展出各种理论上的判断标准，如德国法上的特别牺牲义务，即"国家对于人民财产权之干预，不论其形态是否为财产权之剥夺或为财产权利之利用限制，财产权人之牺牲程度如与他人所受限制相较，显示公平且无期待可能性（合理经济利用），即构成'公用征收'国家应予补偿。反之，如未达特别牺牲之程度，则属于单纯财产权之社会义务，国家无补偿之义务。"① 而如何判断达到特别牺牲的标准，学理上又发展出各种各样的判断标准。如个别处分理论、可期待理论、私使用性理论、重大性理论、目的违反理论、实质界限理论。而本文主要关注点在于，当土地所有权因公权力的限制超过正常的社会义务的范围，而达到特别牺牲的程度，国家应给予土地所有权相应的补偿，而这种补偿因为涉及土地等不动产财产权，其价值过大，国家财政负担无法承受，而不得不通过相应的立法技术，将开发容量（土地开发性利益）从土地所有权剥离出来，并在法律上称之为土地开发权或容积率，借助容积率在开发限制地区的减少与允许开发地区的容积率的增加，来保护土地开发受限制地区开

---

① 谢哲胜：《国土计划》，元照出版公司 2016 年版，第 65 页。

发性利益，以便让土地开发获益者支付相应的成本的一种法律制度。这种制度的优势在于，开发权从土地所有权处分离和独立出来以后，其可以运用市场的方式来解决因土地规划和管制所带来土地开发上的利益分配不平衡问题：如可以利用土地开发权转移制度，政府可以不通过财政支出来取得所需用地（土地开发受限制地区），而土地开发区的土地产权人则可以购买土地开发受限制地区的土地开发额度，以便实现土地开发受限和土地开发扩张之间的利益平衡。本质上而言，其是将公法上产生的问题有效运用私法来进行解决的一次有效探索和尝试。

由于这种制度具有很强实践价值，而且可以平衡土地开发受限地区和鼓励土地开发地区的开发利益的平衡，因此受到相关土地产权人的欢迎和接受。很多国家和地区将其运用在公共保留地和历史著名建筑保护上，将受限制的地区的土地开发容量转移到周边土地规划允许或鼓励开发的地区，以补偿土地产权人因受规划带来的不利益或损失。

这种制度的运行前提却需要建立在土地使用管制和土地开发权立法等相关配套制度较为完善的基础之上。

具体而言，目前对于土地使用管制主要有土地使用分区管制、文化古迹保护法律管制以及环境保护法律领域的的管制三种。其中，土地使用分区管制至关重要，前文所说的禁止开发区、限制开发区以及鼓励开发区的划分都是建立的这种制度的基础之上的。理论上有论者按照管制的强度将其区分为使用编定、指定、禁限建以及以时程管制为主的分期分区发展计划等四大类型①。土地开发权的立法制度主要解决其作为一项权利如何从立法上对其设定，尤其是其与物权法定之间的关系问题，以及在民事法律中如何就其设定、取得、登记、转移、消灭等制度进行规定。

土地使用管制是土地开发权的制度形成的前提，没有相关的土地分区管制、城乡规划以及相关的管制手段等制度的设计，土地开发权无法从土地所有权中分离和独立出来；但与此同时，土地开发权的独立和制度化，也恰恰是对土地使用管制一种正当性的证成，否则仅仅有限制，尤其是因土地使用管制非正常的限制而导致财产权无法利用和收益，进而导致财产权本

---

① 谢哲胜：《国土计划》，元照出版公司 2016 年版，第 44 页以下。

身名存实亡的境地，如果仅仅片面强调土地使用强制管制，而不从制度上来平衡因管制而导致的利益失衡问题，那么土地使用强制管制的合法性和正当性也面临危机。因此，从这个意义上而言，土地开发权的来源问题至关重要，其背后蕴藏着土地使用管制合法性和正当性的问题。

就我国土地指标的分配而言，宅基地置换需要对农村建设用地进行集中利用并将结余土地所产生的指标转移到城乡开发地区，这种建设用地指标的节余与转移，本质上就是将原有的农村地区建设用地的开发资格或开发额度（限制开发区）转移到宅基地地区（鼓励开发区），以实现土地资源的市场化配置，尽管这一过程是发生在我国非农建设用地指标高度行政化配置的体制中，但却为中央的土地制度改革政策所倡导，进而在各省市建设用地指标配置中进行有限市场化试点或探索，以实现保护耕地与节约土地资源的价值目标。在此过程中，土地使用管制仅仅是土地开发权分离的一种制度性保障或前提，与此同时，土地开发权为土地使用管制提供正当性基础，否则，就土地指标节余或土地开发权的集约化利用就会变得没有生机和活力。

三、 土地开发权之性质

关键的问题是如何将土地开发权在法律上定性？其是一种私法意义上的财产权，还是行政配置的资源？所谓土地开发权，即将土地变更为不同性质使用之权。在宅基地置换过程中，笔者主要从将农村土地变更为城市建设用地时的土地性质变更与土地利用集约度提高角度对这一权利加以界定。[①] 对于土地开发权的性质，在学界多有争论既有主张将其界定为私权利的观点，亦有主张将其纳入公权力的主张，又有持折中观点，认为其具有双重属性。[②] 本书认为，应当将土地开发权定义为一种新型的用益物权。

从改革的发展方向和事物的本质来看，土地开发权宜定位为一种独立的财产权。现行法上没有明确；政策

---

① 孙建伟：《城乡建设用地置换中土地指标法律问题研究》，《法学评论》2018 年第 1 期。

② 孙建伟：《土地开发权应作为一项独立的财产权》，《东方法学》2018 年第 5 期。

实践中将其看成是一种基于土地所有权和使用权的受损而需要补偿的利益。如《城乡建设用地增减挂钩试点管理办法》第 17 条和《安徽省建设用地置换暂行办法》第 3 条。其主要有两个方面的问题：一是将土地指标的生产作为土地使用权内容进行审视，没有看到土地指标背后的法权价值；二是总体上还是将其作为一种土地使用权受损的利益，尤其是这种财产性利益与土地征收、公共利益等实践冲突时，无法充分获得司法上的救济。问题的根本原因是，在法律上并没有对土地指标本身法定为一种物权所致。

其实，将其界定为一种用益物权更具有合理性和正当性。土地开发权的标的——土地用途变更或土地开发容量符合法律对物权客体的要求。在传统物权法中，不动产所有权是一种平面化的权利，划定所有权的平面范围即足以定分止争。但科技的发展与人类对土地利用需求的增加使得对土地空间的利用扩张，土地权利逐渐立体化。[①] 土地开发权针对土地用途变更或土地开发容量而设定。土地用途变更土地开发利益自然受到影响；而

---

　① 高富平：《物权法原论》，法律出版社 2014 年版，第 295 页。

土地开发容量可以借助一定的测量、计算等技术予以独立化和特定化，使物权的设立成为可能。① 同时，开发权指向的土地开发容量和土地用途变更的资格具有稀缺性和财产价值。土地开发权来自于限制土地所有权后对权利人的补偿，而开发权的有无及其强弱，与土地权利人所获收益有着直接的关联，开发权的交易亦可能为相应的土地所有权或建设用地使用权等创造增值空间。

此外，土地开发权具有用益物权的实质要素。用益物权的核心内容指向标的物的使用价值。② 土地开发权人对特定土地用途或土地开发容量的权利能够通过登记制度等方式表彰于外，开发权人可以据此对抗不特定第三人。因此，土地开发权具有绝对性特征，应当将其归于物权的范畴。③ 土地用途变更或土地开发容量符合法律对物权客体的要求。土地开发权是对土地用途变更和开发容量进行排他支配与控制的一种权利。土地开发权

① 方涧、沈开举：《土地发展权的法律属性与本土化权利构造》，《学习与实践》2019 年第 1 期。
② 王者洁：《空间地上权：一项新型用益物权的生成》，《东北师大学报（哲学社会科学版）》2018 年第 6 期。
③ 张先贵：《土地开发权的用益物权属性论》，《现代经济探讨》2015 年第 8 期。

通过我国的土地用途管制、城乡规划等有关不动产使用的制度得以凸显，其涉及不动产的利用强度与实际用途等问题，能够对使用土地的行为加以调整。权利人有权对特定土地之上的开发容量加以利用并获取收益，还能够不经转移土地所有权而独立处分土地开发权。因此，土地开发权具有用益物权针对物之使用价值的实质内核与占有、使用等具体权能，应当将土地开发权作为用益物权中的使用收益权。

土地开发权属于物权中的一项新型用益物权。这是因为，土地开发权作为用益物权，具有不同于传统用益物权的独特属性。这主要表现在以下几个方面：一是权利设定的方式不同。传统用益物权强调通过民事合同其限制所有权的功能，以实现物的利用与增值。而土地开发权在土地使用管制的整体语境下得到凸显，更多属于土地权利人所负社会义务且超越一定的正常范围的结果，因此更多是通过履行土地使用管制或空间规划义务的结果。二是从客体上而言，土地开发权的客体主要表现为土地用途变更的资格或土地开发容量，而传统的用益物权主要表现为土地使用权等权利形态。三是权利产生的过程来看，传统的用益物权主要基于当事人的契约关系来进行设定，而土地开发权由于涉及土地用途变更和土地开发利益的调整，往往涉及公共利益，因此，它与国家公权力有着这样或那样的关系，如土地管理部门、规划管理部门、生态环保部门以及文化管理部门等，甚至在开发权的转移过程中，还涉及相关社会组织或社会团体的利益。因此，权利产生所涉及的社会关系更为复杂多元。但，这不影响其作为一种私法意义上的用益物权而存在，只不过呈现出更多新的内涵，而为土地法或物权法等相关研究者所重视。因此，将土地开发权定性于新型用益物权至关重要。尤其是我国城镇化过程中需要土地和人口的集中发展，以便实现集约用地和保护耕地的目标。因此，在此背景下，传统的土地所有权理论无法有效解决土地空间资源配置。财产权社会化的发展背景要求对土地所有权进行有效规制，以便实现财产权的行使不违害公共福祉为底线。将土地所有权因受土地使用管制等制度的限制到一定范围，在符合一定的标准的情况下，在法律上给予其合理的补偿，是财产权社会化过程中一种深化；如果仅仅要求土地等不动产权利人仅仅接受社会义务，而没有相应财产权回复或补偿等制度设计，则相应的土地使用管制等强制措施难免无法持久和维持。而在法律上将土地开发权证成为一种物权或私权，其性质应定位为新型的或特殊的用益物权。这有助于我国农村土地权利制度的丰富和发展，更有助于落实赋予农民更多财产权的政策主张。

四、 土地开发权之功能

作为独立的用益物权，土地开发权能够为土地规划等行为提供正当基础，并且为集体及其成员的正当利益提供法律依据。在置换过程中，我国可以借鉴美国与法国的有关经验，在农村建设用地上为集体及其成员赋予一定的开发权。在置换过程中，国家需要对部分集体和集体成员的开发权做出一定的限制，将集体及其成员开发权所涉地块的土地指标置换至符合规划要求的特定地块。应注意的是，对集体及其成员权利的限制并未从根本上排除开发权，仅仅是将有关主体的开发权所处的具体空间进行置换与位移，这种限制处于开发权的调整范围之内。置换完成后，应当认为用于复垦的拆旧区土地之上业已成立一项保护性地役权，供役地只能用于农业生产，而接受该指标的需役地将进行开发建设。在建新区，集体及其成员能够依法对土地予以开发，而其开发权与土地置换后引入的开发者的开发权产生冲突时，应当保证集体及其成员享有优先开发权。由于种种条件限制，集体及其成员无法开发利用宅基地等农村集体建设用地时，亦应在承认其开发权的基础上，允许集体及其成员将宅基地整理结余土地之上的开发权投入市场予以流转。

财产权附有社会义务，宪法和法律基于公共利益的诉求，不得不对传统所有权绝对化保护进行修正。而这种修正最基本的措施，就是将土地所有权行使和利用限制到一定的范围之内，以便保持整体社会有序和社会福利的最大化地利用不动产。但是，这种转型也带来一些弊端。如土地所有权受到限制，其有些限制是基于社会公共利益，如因生态环境保护对相关土地使用进行限制开发。但是，对于土地所有权的限制也有一个程度的问题。如美国1995年《综合权利法案》和1995年《私有财产权保护法案》规定，对于土地价值减损程度分别订出具体之补偿标准。1995年《私有财产权保护法案》规定，若政府的措施对于一块土地或水权的价值造成

20％以上的价值减损则须对其提供补偿，而若财产权之价值减损比例大于50％时，联邦政府应以市场价格购买该财产。1995年《综合权利法案》则规定，以土地33％的价值减损作为补偿之门槛，若管制措施对财产之合理市场价格造成33％减损则须予以补偿。[①]　也就是说，土地财产权基于社会公共利益而受到限制是可以的，但是，这种限制应该控制在合理的范围之内。如果达到一定的程度，则需要给予补偿。而这种补偿从性质上而言，是一种公权力对私权利受损的补偿。但是，在实践中，因为政府财政支出也是有限的；而土地等不动产价值巨大，能否将公权力上的补偿问题，转化为私法上的财产权的平衡。相关国外制度史表明通过土地开发权的转移可以逐步解决这一难题。

开发权本身是通过土地用途管制或城乡规划等规制而凸显出来的一种财产权。而这种财产权具有稀缺性和独立性以及可交易性的特点。最为关键的问题是，有了相应的土地开发权，不仅有可能在开发利用的空间上实现增量开发权利，而且还使得土地所有权和使用权的本

---

① 谢哲胜：《国土计划》，元照出版公司2016年版，第70页以下。

身的价值具有迅猛增长的可能。尽管土地开发权是土地所有权和使用权受到法律规制的结果。当前我国土地征收、旧城改造、小产权房转正、宅基地置换等实践，都是围绕土地开发权而进行展开的。当然在实践中也可能以土地指标、地票等形态出现。但是，本质上从法学理论层面而言，其就是土地开发权的问题。

于此同时，土地开发权制度本身也是运用法律进行土地开发利益和资源进行有效分配的一种技术。因此，在这个意义上而言，土地开发权的享有的程度，决定了土地所有权和使用权本身在什么层次上或在什么性质上进行利用，以此带来的增值利益空间也是不同的。但是，对于因受到规划限制而无法进行土地转性或无法进行高强度的开发的地块，规制者要对权利人受损的利益进行补偿。这需要对这种规制的程度进行考量，如果规制的程度已经达到变相征收的地步，就应该由国家给予合理的补偿。如果规制的程度可以通过财产权的社会义务来进行论证，且这种规制所带来的损害可以通过开发权的交易来进行补偿，则权利人必须要遵守法律的规定，不得进行转性或高强度开发。因此，土地开发权有无及多少，直接关系到土地使用收益的大小。因此，在这个意义上而言，它具有土地用益物权的一切特征。可以进行占有、使用、收益和处分。由于，其可以使得权利人占有、使用、收益和处分空间更大，因此，其是非常重要且更为新颖的一种用益物权。传统意义上的用益物权是在土地所有权上设定限制，以便强调物的利用与增值，而土地开发权则是在用途限制和规划限制的前提下凸显的一种权利，而这种权利更多的是土地权利（土地所有权或使用权）受到社会义务规制的结果。

我国台湾地区农舍用地使用强度的限制，其根据不同情形设置不同的标准。如水源地规定农舍用地使用强度为："建蔽率不得大于 5%，建筑物高度不得超过二层楼（或七公尺）以及建筑总面积不得大于 165 平方公尺"。而根据"实施区划计划地区建筑管理办法"（1986）对农舍用地使用强度之限制规定为比较对象，该办法规定："农舍用地之建蔽率不得大于其耕地面积 10%；建筑物高度不得超过三层楼（10.5 公尺）以及楼板面积不得大于 495 平方公尺"。两个规定相比较而言，水源地特定区域内农舍用地使用强度的限制，显然要比一般地区农舍使用强度要严格的多，对于水源地的额外限制应该予以补偿。[1]

因此，针对这种对于土地等财产权的限制，学界有人提出财产权的限制本身具有合法性，但是其程度和范围应具有合理性，并在此基础上提出"限制的限制"。[2]将限制本身通过法律限制在一定的范围内部，具有一定的合理性。但是由于土地等自然资源所有权或使用权本身事关公民基本的财产权利，对其限制不仅要符合一定的法律程序和一定的限度，如果因为公共利益而让产权人承担过度的财产权损失，在制度上应给予一定的补偿。因此，在此过程中，使用土地规划制度来对产权进行限制或限制的程度明显高于其他限制，应在财产权损失上给予一定的补偿。这就需要更为精细化的制度设计。对此，土地开发权制度发挥了平衡权利限制与限制补偿的制度功能，使得因公共利益等原因对土地产权的限制有了一个制度上的正当性基础。否则，对于土地等自然资源的强制性限制，就无法获得长久和持续性的运行。在农村宅基地置换过程中，对于置换结余的土地指

---

①　陈明灿：《财产权保障、土地使用限制与损失补偿》，台湾翰芦图书出版有限公司2001年版，第281—283页。

②　赵宏：《限制的限制：德国基本权利限制模式的内在机理》，《法学家》2011年第2期。

标，实践中开始探索以公开竞价方式对其做出处置，并将拍卖所获收益归属于集体和集体成员。[①] 这种实践实际上承认了集体及其成员对土地的开发权。置换有关制度与国际通行的开发权交易愈发接近，将土地开发权归属于集体及其成员已经成为宅基地置换制度的发展趋势。置换必然要转变以宅基地为主的农村建设用地的性质，这可能在无形中对农民和农民集体的土地权利造成限制。承认农民集体及其成员享有土地开发权，不仅同我国现行的农村集体土地权利制度相衔接，更能够夯实宅基地置换的权利基础。

五、结　论

作为置换中的一种新型用益物权，土地开发权为土地用途变更提供了权利基础。在置换过程中，应承认土地开发权归属于土地产权人，并以优先开发权、保护性地役权和宅基地流转制度，在实现置换制度功能的同时

---

①　刘探宙，杨德才：《农村三项土地制度改革的推进模式与叠加效应研究——基于泸县的实证研究》，《农村经济》2018 年第 8 期。

维护置换中集体成员的权利。从权利来源上而言，其来源于所有权，同时与土地规划权具有紧密联系；应着眼于土地开发权为新型用益物权的定性来推动其落地和发展，农村建设用地开发权应主要归属土地使用权人。从制度功能上而言，土地开发权在当下的宅基地置换中发挥着权利限制与受损补偿的制度平衡功能，其为宅基地制度改革提供了正当性基础。

第七章　土地开发权用益物权化的
具体建构

　　土地开发权是一项物权，但是土地开发权的物权化定性尚不足以准确地认识土地开发权。为了更好地识别和认识土地开发权的内容，需要结合具体的物权制度。土地开发权的用益物权构造需要以规则化设计作为支撑。只有将其规则化之后，土地开发权的用益物权化才能得以法定化，获得在实践层面长久的生命力。在法释义学层面，土地开发权的用益物权化的性质，能为土地开发权适用《民法典》中用益物权的相关规范创设了理论前提。因此，本章将论证土地开发权用益物权化的规范路径。

　　土地开发权应界定为一种新型用益物权，其不仅具备用益物权的全部权能，且具有新的内涵和特征。从用益物权角度阐释土地开发权，土地开发权因社会实践而生，具有独特的权利结构，这成为土地开发权性质判定的本体基础。其具有独特权利内容及功能意义，不同于现有用益物权，属于新型用益物权。作为一个新型用益物权，其发挥作用的空间是有边界的，必须做好与其他产权制度的衔接，才能确立其法律地位，实现制度价值或功用。土地开发权制度推动现有土地利用形成了地表、地上、地下三层或多层的权利单元，为土地的多元化立体开发利用提供了制度保证。

一、 问题之提出

土地开发权的来源而言，其源于土地所有权，因国家土地用途管制和城乡规划权等公权力的规制而凸现，进而成为法律实践上亟需研究的课题。因此，其应作为一项独立的、新型的物权来加以审视。笔者认为，土地开发权应作为一种财产权或私权或物权。因为这种权利有着独立的财产属性、稀缺性和有价值性，且可以上市进行交易。① 有学者认为土地开发容量不是一种有形物，因而否定其物权属性，这种观点是站不住脚的。这主要是因为现代社会以来，尤其是在《魏玛宪法》颁布以后，该法通过扩张解释将原来的民法所有权的标的从"所有物"扩大到"任何具有财产价值的私权利"，而不限于"物"，在法学界已经形成共识。问题的关键是土地开发权到底是一个什么样类型的权利？土地开发权到底是一种什么样的物权？是用益物权还是一种其他权利？

笔者认为，片面地说土地开发权是传统意义上用益物权或某一权能的体现，都是不准确、不科学的，应该将其界定为一种新型用益物权。其问题是土地开发权作为一种新型用益物权，新在什么地方？作为一种新型权利，其制度价值和功能体现在什么地方？尤其是这种新型权利的法理基础是什么？这种新型权利如何与传统用益物权对接？

二、 土地开发权的权利性质论争及评述

就土地开发权权利属性而言，目前学界争议较大，

---

① 参见孙建伟：《土地开发权应作为一项独立的财产权》，载《东方法学》2018 年第 5 期。

概括起来主要有以下几种观点。

其一，土地开发权用益物权说。如蔡立东、姜楠博士认为，土地开发权的功能可以加载于大陆法系物权法中所有权及用益物权的使用权能上。[①] 张先贵博士认为，土地开发权宜被界定为一项用益物权，其论据有两点：一是从形式上看，土地开发权的客体为特定地块空间的容量；二是从实质上看，土地开发权之用益物权定位是拓展和深化土地权利体系的需要，而且亦是土地管理市场化改革实践的需要。[②] 当然这种论点也有反对声音，如杜茎深博士认为，基于物权（用益物权）引入土地开发权不具有立法技术上的可行性，其理由主要有以下两点：土地开发权的客体并不确定；产权的自由创设性与物权法定存在矛盾。[③] 张先贵博士从土地开发权的内容，即土地用途变性和开发强度变更两个方面来论证土地开发权配置上公权力与私权利群的平衡与协调问

---

① 参见姜楠、蔡立东：《土地发展利益的物权法调整模式》，载《河南财经政法大学学报》2015 年第 3 期。

② 参见张先贵：《中国法语境下土地开发权理论之展开》，载《东方法学》2015 年第 6 期。

③ 参见杜茎深、罗平：《论基于物权路径引入发展权之不可行性》，载《中国土地科学》2015 年第 4 期。

题，并尝试指出土地开发权的特殊性面相。但是笔者认为并没有达到其预期的效果。① 笔者认为其主要是没有抓住土地开发权本身所具有的独特制度功能和权利来源。

其二，土地开发权新型准物权说。刘俊、杨惠教授将土地开发权看作物权法上的新型"准物权"，其主要理由为：一是其作为一种农地用途变更权，其核心是一项土地财产权；二是土地开发权具有浓厚的公法和行政法色彩；三是土地开发权与其他准物权如渔业权较为相似，且土地开发权构成的复合性与其它准物权特征相同。因此，将土地开发权归入新型准物权，既照顾了土地开发权的法律效力，又不违反物权法定原则。② 对此，表面上其获得相关资源开发的行政许可是准物权产生的逻辑前提，但是土地开发权除了获得行政开发许可以外，其作为一种新型权利类型，本身具有形塑与分割土地所有权、土地使用权以及其他土地财产权的独特制度价值，这一点是准物权所不具备的。

---

① 参见张先贵：《中国语境下土地发展权内容之法理释明——立足于"新型权利"背景下的深思》，载《法律科学》2019 年第 1 期。

② 参见刘俊等：《地票的制度基础与法律性质》，法律出版社 2012 年版，第 82 页。

其三，土地开发权空间权说。王利明教授认为土地开发权是空间物权的一种，空间权作为一种新型财产权利，可以与建设用地使用权相分离，成为一项独立的物权。但他也提醒我们注意，土地开发权作为一种空间权，应注重其与城乡规划之间关系的研究，因为规划权决定着空间权的内容。① 梁慧星、陈华彬教授认为，土地开发权为所有权一束权利中之一种，为空间权的另一种形态，系为土地所有权人发展或开发其土地的权利。它系一种土地空间容积的移转制度，其旨趣在于使土地的准予开发与限制开发保持平衡。② 开发权是确认土地权利人利用土地空间的权利，受土地规划、建筑许可等制约。该权利客体具有经济价值，可用于交易，并非通常意义上空间权的客体内容。

其四，土地开发权地役权说。我国台湾地区谢在全教授认为，土地开发权是一种地役权，其试图从罗马法地役权的传统理论，来审视土地开发权，建议以土地开发权的地役权属性为切入点，来推动传统地役权理论保

① 参见王利明：《空间权：一种新型的财产权利》，载《法律科学》2007 年第 2 期。

② 参见梁慧星、陈华彬：《物权法》，法律出版社 2016 年版，第 142 页。

持开放和活力。① 美国学者 Thomas L. Daniels 运用地役权理论分析土地开发权，认为土地开发权属于地役权范畴。② 该说从土地权利负担角度认识土地开发权，虽然能够揭示土地所有权的社会义务，但未能阐明土地开发权与地役权的权利结构、权利来源的差异。该说显然忽略了土地开发权的法律属性以及客体对象之于土地所有权的独立性。土地开发权是法定权利，权利设立和具体内容有赖于法律规定；而地役权主要系当事人之间约定。此外，地役权系在他人不动产上为自己权益设定负担，土地开发权不直接以不动产为对象范畴，两者在权利客体方面应该说差异显著。

综上可见，随着社会经济发展，人类生产生活资源的稀缺性愈发凸显，人们对资源的利用更加细微深入，在土地及土地之上的空间中，为利用必要，法律作出分层，改变了过去将地表及地上至天际、地下至地心的范畴都赋予土地权利人，权利人可绝对自由支配的做法。

---

① 参见谢在全：《民法物权论》（中册），中国政法大学出版社 2011 年版，第 506 页。

② See Thomas L. Daniels, "The Purchase of Development Rights: Preservation Agriculture Land and Open Space" 57（4）Journal of American Planning Association 421（1991）.

土地开发权作为土地规划、用途管制、限制开发下的产物，表现出自身权利特性，而与已有权利发生分野。

三、 土地开发权定性为用益物权
重要性及其法效果

将土地开发权定性为用益物权至关重要。其对我国土地物权制度理论具有根本性的构建价值。尤其是在立法、执法和司法的法效果上，具有很强的制度价值。

（一）土地开发权定性为用益物权根本制度
价值在于：将土地财产权回归市场化
资源配置

在我国宅基地置换实践中，地方政府为了获取额外土地指标，尝试通过市场化的方式来进行指标的生产和交易。土地指标本质上就是土地用途转性的控制工具。因此，获得非农建设用地指标就意味着具有土地由农业用地向非农用地转性的资格。在这个意义上而言，土地指标就是土地开发权的客体外在表现形式。但我国在制度设计上与其他国家有着重要区别：非农建设用地指标交易是为了服务于地方政府额外获取建设用地指标。实际上，我们需要关注的是谁在控制土地指标的生产和交易？如果是产权人自己为生产和交易主体，那么，这种土地指标交易就具有鲜明的市场化的特征。但是实践中，据笔者的观察，宅基地置换过程中，还不完全是产权人出于"自愿"地进行开发权生产和交易，更多的是以一种行政命令的方式推进，[①] 行政权在此过程中发挥着重要影响力。这与党的十八届三中全会提出的"经济体制改革是全面深化改革的重点，核心问题是处理好政府和市场的关系，使市场在资源配置中起决定性作用和更好发挥政府作用"要求还有很大差距。

由于我国地方政府在土地管控问题上过于强势，在置换中主要是行政主导下的有限市场化，而不是产权自由交易下的充分市场化，这种悖论的背后也反映出我国当前土地制度改革中一些新型权利的兴起与原有土地法律制度的滞后，不得不在成文法之外，寻求更多的利益

---

① 参见孙建伟：《城乡建设用地置换中的"自愿"原则及其悖论》，载《苏州大学学报（哲学社会科学版）》2013 年第 6 期。

诉求和权利诉求。笔者认为，下一步的改革应该逐渐从政府主导向市场主导转变，政府应着眼于土地指标生产的规划控制、土地指标交易市场相关制度建设，而不是既当指挥员，又当运动员。

这其中最关键的问题是，我国的土地指标能否在一定范围内（如省域范围内）按照市场价格进行配置。按照我国现行《土地管理法》的规定，耕地占补平衡及其土地指标的配置只能在省域内进行，但从实践来看，无论是非农建设用地指标额外生产、交易，还是耕地指标的挖掘和交易，都不是完全以"市场在资源配置的决定性作用"进行的，而在某种程度上是在政府的强力推动下完成。即使有市场调节的因素，但是市场配置在其中的作用与政府推动的作用相比，也非常有限。如宅基地置换的决定权、节余或剩余非农建设用地指标分配权等被地方政府所掌握。①

合理的作法是，政府应该逐步退出宅基地置换实践，在严格掌握土地的规划权、审批权以及落实土地用途管制的基础上，加强对宅基地置换违法行为进行监

---

① 参见孙建伟：《城乡建设用地置换中土地指标法律问题研究》，载《法学评论》2018 年第 1 期。

管，而不是代替涉地农民或集体进行置换。尤其在土地指标生产和交换环节，应该通过相应的制度建设，为涉地农民和集体创造更为宽松的市场条件，如加强土地指标生产和交易信息平台建设、改进和完善置换审批流程、为置换项目实施和指标交易提供政策支持以及加强和完善项目监管的法律法规等。

此外，还需要按照"市场在资源配置的决定性作用"要求来深化农村土地开发权制度的市场化改革。具体而言，在保证现有农村集体建设用地所有权体制不变的前提下，允许符合规划和用途管制的集体经营性建设用地使用权出让、租赁、入股，实行与国有土地同等入市、同权同价。尤其是需要按照这个要求对我国现行的《物权法》等法律规范进行修改，并设定具有可操作性的程序和步骤。

（二）土地开发权定位为用益物权有助于私权利的彰显和救济

土地开发权市场化交易的前提就是要赋予农民土地开发权，夯实农民集体土地所有权和使用权的法权基础。从国家要求农民集约化利用农村建设用地，向农民自发、自愿地集约化利用土地方向转变。而在此过程中，除了需要建立土地开发权市场化的制度基础以外，还要赋予农民更多的私权利。尤其是在推行农村集体建设用地的改革中，推行宅基地置换的过程，就是不断赋予农民社会财产权的过程。在这个意义上而言，农村集体建设用地制度的变革是与农村社会整体转型和现代化密切联系在一起的。但现在土地指标的获取不是主要通过完全市场化的方式来进行的，而且也没有将土地指标定性为物权法上的私权利。当涉及土地指标和土地上开发利益等矛盾和纠纷时，不是通过司法程序进行纠纷解决，而主要通过政治措施来解决。《安徽省建设用地置换暂行办法》第 3 条规定："建设用地置换涉及农民集体所有土地的，应当经该集体经济组织成员的村民会议 2/3 以上成员或者 2/3 以上村民代表同意，并经土地使用权人同意。"这些规定的内容是好的。但是，无法排除和担心坚持民主化方式来推进宅基地置换，进而导致部分地方政府运用"多数人同意"来强制推进土地指标化生产和交易等现象的发生。合理的做法还是将权利人的土地指标作为一项用益物权来加以保护，以便在相关土地开发权受到侵害时，可以获得司法的救济。尤其是当地方政府违背这些规则时，应加强司法的救济和保护。正如彭诚信教授所言："有效司法是产权保护的最后屏障。"

（三）土地开发权定位为用益物权有助于增强相关私法的法效果

首先，从立法层面的法效果而言，将土地开发权明确为用益物权，有助于推进我国宅基地置换的合法性。根据我国《立法法》第8条的规定，农民集体土地制度的改革是法律保留事项，只能由全国人大及其常委会进行立法。按照法治发展和改革的关系，在改革中如果对于农民财产权利进行增加，则强调实质法治；如果在改革过程中克减农民的财产权利，则必须要具有合法的依据，即要强调形式法治。因此，对于宅基地置换制度来获取农村集体土地开发权，要有充分的立法依据。我国现行《土地管理法》对于农村集体建设用地产权市场化给予非常严格的限制，农村建设用地无法真正合法地在土地一级市场上进行交易，使得权利人无法获得真正的开发权，导致农村建设用地财产权大打折扣。国家立法也没有对集体建设用地开发权给予相应的补偿。农村土地集体建设用地制度的立法势必要进行更新。对此，党的十八届三中全会给予非常清晰的改革思路：就是要使农村集体经营性建设用地在符合规划和用途管制的前提下，与国有土地享有平等的土地权利。目前，亟需在立法层面落实这些问题。

其次，从执法层面的法效果而言，将土地开发权定性于新型用益物权有助于遏制部分基层政府违法等行为。在推进宅基地置换和土地指标获取的过程中，时有发生赶农民上楼或运用城乡增减挂钩政策来剥夺农民集体建设用地开发权的现象。固然，行政执法领域也有很多需要改进的地方。但是，如果能够在法律上直接将土地开发权作为一项新型用益物权，使得政府和民众都能在心理上接受和认可这种权利，在土地制度改革的实践中，相关执法侵权的现象必然减少或消除。

最后，从司法层面的法效果而言，将土地开发权定性于新型用益物权有助于提升司法权威性。当立法对于农村集体用地进行严格限制而没有充分补偿的条件下，一些地方政府往往为了获得更多的土地指标而剥夺集体建设用地开发权。由于法律对这种土地财产权没有进行定性或进行法定化，司法机关在实践中也无法充分对集体建设用地权益给予保障。如前些年，遇到类似纠纷，各地法院在此背景下过于强调慎重立案原则，导致很多集体建设用地权利人无法有效获得司法救济，"司法作为社会正义最后一道防线"被虚化，进而导致上访维权、暴力抗法等非法救济现象不断增加，影响我国农村社会和谐稳定。

四、　土地开发权作为用益物权的理论证成

通过以上分析，笔者认为，土地开发权是一种新型用益物权。对此，首先应从用益物权基本理论角度阐释。土地开发权因社会实践而生，在运行中具有独特的权利结构，这成为土地开发权性质判定的本体基础。同时有必要从经济、社会等法外视角分析土地开发权作为用益物权的法理根据。

（一）土地开发权作为用益物权符合基本理论

根据我国《物权法》第 117 条规定，用益物权是对他人所有的不动产或动产，依法享有占有、使用和收益的权利。用益物权在性质上是绝对权、支配权；在客体上通常基于他人的物设定；在内容上包括占有、使用、收益三项权能。土地开发权的性质、权利客体、内容与用益物权基本相契合。土地开发权应作为绝对权、支配权。所谓绝对权，是指"得对一切人主张的权利"；支配权，"指权利人得直接支配其标的，而具有排他性的权利"。[①] 土地开发权是权利人根据法律规定享有的权利，是在土地管制或规划限制下产生的。从土地利用角度而言，享有土地所有权及土地使用权，必须符合土地管制及规划要求，由此必然存在土地可利用空间大小问题，这就表现为土地开发权权利人可开发土地的空间容量，权利人对此具有直接的利益关系。该利益关系不是基于某一个特定主体的关系存在的，也不是双方当事人

---

① 梁慧星：《民法总论》，法律出版社 2017 年版，第 72、75 页。

约定产生，它与他人无直接关联，权利人根据法律规定享有。并且，土地权利人如果不享有对该土地开发的权利，其土地权利，无论是所有权或物权性使用权，将被虚置，不具有任何权利意义。可见，土地开发权无相对性，权利人也不需要向特定主体请求实施一定行为才能实现权利，自己足以令权利得以实现。

土地开发权指向的空间容量附属于土地，虽然具有一定的独立性，但不可能完全脱离土地权利人。土地所有权人或物权性使用权人必须保留一定的空间容量，以便自己开发利用，否则不符合土地充分利用、资源不得闲置的立法要求。在土地利用下限与上限之间，土地权利人可自由支配，对于实际支配限度与上限之间的差额部分，可以交易转让。可见，土地开发权权利人在法定范围内直接对空间容量进行自主控制管理，完全不需要他人积极配合或作为，表现出充分的直接支配性。同时，土地开发权权利人基于对空间容量的直接支配关系，可以排除他人干涉，在法律限度内任何主体无权干预权利人行使权利。所以，土地开发权人之外的任何第三人都负有不侵害的消极义务，此乃土地开发权支配性、排他性、对世性的体现。这就使得土地开发权和相对权如债权区分开来。

1. 土地开发权以他人之物为客体

就土地开发权客体到底是什么，学界聚讼纷纭。从实践看，土地开发权直接源于土地用途管制及城乡规划，它们实际上是国家对土地权利的限制，也是土地权利人负担社会义务的表现。为此，通常而言土地所有权遭受限制，不可超越特定规划要求行使权利，如建造超高房屋。由此，土地所有权空间因管制及规划被分割开来，所有权人名义上仍享有土地上全部空间权利，但因法律或国家规定无法实际享有。此时，土地所有权人若在国家限定下利用土地，没有达到土地空间利用的上限，则产生合法的多余空间。为不过于限制土地所有权人的权益，法律允许富余的空间以数量指标形式转让交易。土地开发权就是针对土地所有权人因土地用途管制及规划限制、没有实际利用的富余空间。

此一富余空间存在于特定土地之上，当然无法由他人取得空间实体，所以土地开发权的客体并非土地或土地空间实体，而是以抽象方式表现之剩余空间。对于该空间，有不同称谓，如土地开发密度、容积率、土地开发容量，本文认为应采土地开发容量。容量一般是指物体或空间能够容纳的单位物体的数量。被容纳的物体既可以是实物、有体物，也可以是无体物如电容、数据。土地开发权针对的富余空间，本质上是土地权利人可合法利用的土地空间范围，是根据土地用途和规划，该块土地可容纳的物体（主要是建筑物）最大数量与已经实际容纳的物体数量之差。而土地开发密度，只是土地开发容量的测量指标，不能等同于土地开发空间，它无法反映土地开发质量维度，不适宜作为土地开发权客体。容积率则是土地开发密度的具体数量指标，更加无法表现土地开发容量质与量的同一性。

对于土地开发容量，有学者认为，它不是一种有体物，因而否定其物权属性。这种观点实际上忽略了当代物权法发展趋势。土地开发容量当然不是有体物，没有具体物质形态，但物权客体自近代以来已大大拓展，声、光、电气、土地空间、无线电频谱等获得普遍立法认可。"科学技术和建筑技术的进步，已使物的概念扩大至凡法律上具有排他性和支配可能性者均可为物的境地"。[①] 即使习以为常的土地，依赖于法律规定而具有

———————

① 梁慧星、陈华彬：《物权法》，法律出版社 2016 年版，第 7 页。

独立性，成为物权客体。可见，物权客体不以有体物为限，凡是能为人支配管理者，有体物、权利、空间等皆可，土地开发容量也没有障碍。

在我国，实行土地公有制，土地所有权归国家或集体，国家或集体作为所有权人不在于对土地的实际使用，土地用益物权由其他各类民事主体取得。故土地用途管制和规划目的并非着眼于限定国家或集体，主要是在于对土地用益物权人的使用、收益权能的限制。这一点是我国土地开发权与国外土地开发权的重大区别。基于此，我国土地开发权针对的土地开发容量，主要指向土地用益物权人受限情形下可开发的土地容量。该土地开发容量主要是土地用益物权人就其取得的国家或集体土地之上形成，它与土地本身发生分离，成为单独对象。土地开发权不同于现有用益物权，不直接以土地为客体，是独立的新型的可交易的土地开发容量及其空间利益。总之，土地开发权在我国表现为在土地用益物权人享有用益物权的国家或集体土地上存在的，以土地开发容量为客体的权利。

2. 土地开发权包含占有使用收益权能

土地开发权人取得土地开发容量以此为依据从事开

发利用活动，并从中收益，享有占有、使用、收益权能。就占有权能而言，土地开发权人取得土地开发容量，虽然不是现实的看得见摸得着的有体物，但基于法律规定和规划限定，特定土地可开发的土地容量既定，土地开发权人可以在该土地开发容量内实际利用，若有剩余容量，则可以转让交易。土地开发权人依法取得对土地开发容量的现实的管领与控制，也只有支配该土地开发容量的占有人即权利人才能开发土地。此乃其占有权能的表现。

　　就使用权能而言，土地开发权的功用在于权利人有资格从事一定规模的土地开发。换言之，土地开发容量的使用价值表现在权利人根据确定的容量从事具体的土地生产开发活动，只要不超越既定容量上限即可。土地开发权使用权能的行使即土地开发容量使用价值实现的方法。由于土地开发容量可由特定的数量标准呈现，它可以有不同的空间配置，土地开发权利人可以就土地开发容量全部用尽，也可以使用其中的一部分，有所剩余可进行交易。需要注意的是，土地开发权使用权能必须按照土地开发容量的性能或用途行使。这就意味着既要符合法律规定或规划要求的数量指标，也需要符合特定的建筑风貌、街区环境等质量标准。

就收益权能，土地开发权人可通过多种方式取得土地开发容量的经济价值。以自用的方式，土地开发权人可在容量范围内进行充分的土地开发，从而令土地的使用价值得到最大程度的发挥。土地开发权人若未能完全利用土地开发容量，还有剩余容量，可以将其转让，获得对价。就此而言，土地开发权人不能将原始的未开发的土地之上的全部开发权转让，而不进行开发，这将导致稀缺土地资源浪费，有悖于物权法追求物的效用的目的。

（二）土地开发权作为用益物权的域外实践镜鉴

土地开发权制度在境外已经有相关制度成果，在农地保护、城市土地空间开发利用、古迹建筑保护、生态保护、城市改造等领域中进行广泛运用和实践。比较他们的制度模式，并从中分析利弊，可为推进我国土地开发权作为新型益物权法律制度的构建，奠定比较法基础。从比较法上而言，英、美国家的"容积"和大陆法系的"空间容量或空间"都可以作为一种独立的物权客体被纳入到私法体系中来，并逐渐形成相对独立的财产权客体或物权客体。国内有关论述较为丰富，[①] 笔者择其要点分析。1947年英国颁行《城乡规划法》，向私人征收土地开发费（development charge），这开启了英国土地开发权的国有化。此后历经几次废立，1985 年后，实施开发许可制，主要有两种方式：一是开发商与地方政府签署"规划合同"，开发商须建设一定公共基础设施，并获得开发许可；二是把公共基础设施建设规定为"规划义务"。最终，政府取得"规划收益"，国家和社会共享地利。[②]

美国把土地开发权作为与土地所有权分离而可单独转让的财产权，即 Transferable Development Rights (TDR)。美国土地开发权主要是在各州地方层面实施。在该制度之下，有让与容积的土地和承受容积的土地，前者是抑制开发的土地，后者则指在一定限度内，可以将移转容积加在本来保有的容积上而进行开发的土地。

---

① 参见丁成日：《美国土地开发权转让制度及其对中国耕地保护的启示》，载《中国土地科学》2008 年第 3 期；刘明明：《英美土地开发权制度比较研究及借鉴》，载《河北法学》2009 年第 2 期；彭錞：《土地发展权与土地增值收益分配：中国问题与英国经验》，载《中外法学》2016 年第6期。

② 参见李凤章：《"土地开发权国有"之辩误》，载《东方法学》2018 年第 5 期。

在此制度下，规划出移出区与移入区，作为供需市场基础，通过自由市场运作，允许移入区的地主向移出区的地主购买其开发权利，以进行土地开发利用。[①] 在法国，土地开发干预手段多样，重点是限制土地开发容积率的法定上限密度制度。法国政府规定各地土地开发容积率下限与上限，超出上述法定的开发密度限制，土地所有权人要缴纳"超过负担费"，向政府购买土地开发权。[②] 我国台湾地区 1998 年颁行"古迹土地容积移转办法"，开始实现土地开发权移转制度。1999 年颁行"都市计划容积移转实施办法"，以容积量化土地开发权，普遍实施土地空间容积的开发权移转。[③] 2004 年该办法修改，系统规定了土地开发容积率送出的适用范围、容积率移转的审查许可、接受容积率的区域、跨区域的容积率移转、容积率移转后的权利登记及容积率移转的法律依据等。[④]

---

① 参见梁慧星、陈华彬：《物权法》，法律出版社 2016 年版，第 142 页。

② 参见程烨等：《土地用途分区管制研究》，地质出版社 2003 年版，第 21 页。

③ 参见温丰文：《土地法》，洪记印刷有限公司 2015 年版，第 67 页。

④ 参见沙文韬：《中国土地开发权制度研究》，华东政法大学 2008 年博士学位论文，第 42 页。

（三）土地开发权作为用益物权的法外分析

土地开发权作为用益物权除了符合物权法基本理论外，也可以从法律之外的视角，以深化对其性质的认识。

1. 土地开发权作为用益物权蕴含深厚的经济根基

土地开发权定位为用益物权具有广泛的经济意义，具体而言包括以下几个方面。其一，契合经济发展需求，提升土地资源效用。土地作为稀缺资源在当代开发程度较高。为此，土地权利不再局限在平面，而是向空间立体发展，建筑物区分所有权、地上空间权即著例。[1] 在这一过程中，国家从土地用途、环境保护、居住适宜等角度对土地进行管制与规划，土地权利人对土地利用存在限度，该空间限度成为土地开发权对象。以物权界定土地开发权，确定权利人对土地开发容量的直接支配性权利，有利于充分提升土地利用效用，为土地开发权利市场配置奠定基础。

---

[1]　参见王者洁：《空间地上权：一项新型用益物权的生成》，载《东北师大学报（哲学社会科学版）》2018 年第 6 期。

其二，提供权利制度激励，充分实现土地价值。土地权利限制在形式上影响土地价值，但通过规划及管制，能够避免土地利用混乱、环境破坏、品质下降等诸多问题，实则在终极意义上提高了土地价值。在既定限制下，土地开发权承认权利人对土地容量的权利，若不全部自用，可以转让交易，有利于发挥市场在资源配置中的基础作用。由此，土地开发权人会获得制度激励，在自主开发时采取资源集约、环境友好的方式，节约土地开发容量，最大化私人利益，最终能够充分实现土地资源价值。

其三，明晰土地空间产权，构筑市场交易基础。在法律层面，确认土地开发权作为用益物权，可确认权利人对土地开发容量的产权，该权利是权利人自取得土地所有权或物权性使用权时即应享有的权利。且相较于债权，土地开发权作为用益物权，有利于建立统一的土地开发权交易市场，为土地充分利用奠定基础。

2. 土地开发权作为用益物权具有重要的治理转型意义

土地开发权作为用益物权必然引发现行土地管理体制改革，对于土地管理转型、土地财政软着陆、土地规划等行政管理或治理意义重大。从渊源看，土地开发权根源于土地所有权,因土地用途管制和城乡规划而得以凸现和独立,但本质上还是一种私法意义上的财产权。[①] 该制度是为解决土地个人空间利用和公共利益的平衡而产生。随着建筑科技的发展,土地利用逐渐从横向利用向纵向利用方向转化,因城市规划变动导致土地区位的差异变化给土地权利人带来土地空间收益上的"暴涨"或"暴损"等不公平现象,以及出现了土地权利人对私有土地空间产权的滥用或对土地空间的过度自主开发造成的,诸如房屋建筑密集拥挤、环境污染严重、房价剧涨等诸多有悖于公共利益的严重问题。通过政府行政干预,尤其是土地用途管制和城乡规划,将土地开发行为纳入政府开发管制法制体系之下,在这种背景下,使得地上空间开发容量作为一种独立的物权客体得以形成。

土地开发权作为新型用益物权能推动我国土地权利配置的重心从静态土地权利和平面土地权利向动态土地权利和立体土地权利配置方向发展。依据土地所有权的性质,土地开发权可以分为国有土地开发权和集体土地

---

① 参见孙建伟:《土地开发权应作为一项独立的财产权》,载《东方法学》2018 年第 5 期。

开发权。目前，我国因为国有土地开发权和集体土地开发权制度缺失，致使土地管制较为机械和僵化，缺乏活力和弹性。虽然监管世上最严，但由于激励和奖励措施过少，制度实施的法律效果和社会效果欠佳。就国有土地使用权而言，政府出让土地合同严格规定了宗地的用途、容积率等使用条件，使用者若需要更改用途和开发强度，必须征得有关部门同意，并报原批准用地的人民政府批准，同时补交有关费用等。但实践中，土地开发者很难获得开发用途和开发强度的更改。在这方面，国外土地开发权制度为有效实现对土地开发容量的管制，实行土地开发权转移和奖励制度，从而很好地平衡不同土地权利人以及公共利益之间的利益。从集体土地使用权来看，我国为了保护耕地，政府严格禁止集体土地直接入市、禁止小产权房开发。

五、 土地开发权作为用益物权的新颖性

土地开发权作为用益物权具有独特权利内容及功能意义，不同于现有用益物权，属于新型用益物权。土地

开发权作为新型用益物权，主要表现在新的制度价值、运行机制、权利功能等方面。

（一）土地开发权的新制度价值

与传统用益物权、空间权、地役权等制度相比，土地开发权有独特的制度价值，具体如下三方面。

与传统用益物权比较，土地开发权在国家管制时代，进入公共政策领域，表现为在国家实施土地管制、公益优先于私利的前提下，最大程度地保障私权私益、增进市场活力、限缩行政权力，不再是私人的天然自由或所有权的必然内涵。传统用益物权主要是通过契约等媒介，对所有权人完成一定限制（如占有、使用、受益、期限等）。而土地开发权则是借助政府的土地利用管制或城乡规划权，对土地财产权人土地开发利用设定一般性禁止，土地开发人进行土地开发必须获得国家许可或额外的开发容量进行开发。在这种背景下，如何对土地财产权人进行开发赋权就是土地开发权的核心内容。因此，土地开发权作为一项增加或变更原有土地开发空间的一种权利，渗透在土地所有权、使用权、空间权、地役权等内容之中。在这个意义上而言，土地开发权是一种运用规划等公权力对原来的土地财产权进行分割或重塑的权利，其是土地财产权承担社会义务、设定法定负担的一种空间开发权利。因此，土地开发权是土地财产权在当代社会发展中兴起的一种新型用益物权。这种权利附着在土地所有权和使用权以及其他权利之上，又对土地财产权进行分割和形塑，并对其产生重大影响的一种权利类型。

与空间权相比，土地开发权与空间权产生离不开土地空间利用由横的平面利用到纵向立体空间利用的时代背景，而且无论土地空间权还是土地开发权都涉及土地空间的开发容量的获取与分配。但是，两者在权利的内容、权利的利用与实施、权利的设定上均有质的差异，是完全不同的权利类型。[①] 空间权产生于人们对独立于地面的具体空间加以利用的需要。其权利的根本内容为：通过将具有独立价值的且相对具体的空间"物"化以实现对空间利用的有序化和效率化，进而保护空间所有与利用过程中产生的利益，且空间权的客体较为固定

---

① 参见付坚强：《土地空间权制度研究》，东南大学出版社 2014 年版，第 12 页。

和确定。土地开发权产生于人们对土地开发空间的需要。其权利本质在于：以权利的形式界定、分配和保护一定的土地开发空间利益。土地开发空间往往是一种额度或资格，这种权利客体表现为一种开发空间的容量，且土地开发权客体往往不是具体的和特定的。因而，土地开发权的权利价值在于：以时间维度将土地当前开发空间与土地未来经济价值进行分割，在动态上促进土地开发利用。在某种意义上而言，空间权是经过土地开发权分配确定的和具体的空间利用权，而土地开发权是在法定的条件下，对土地开发空间可开发利用资格的一种动态调整的权利。

与地役权比较，土地开发权表面上是发送区开发受限，在法律上设定负担，而开发区增加相应的开发额度，发送区获得一种限制开发的补偿。与消极性地役权很相似，土地开发权这种开发利益的分配似乎可以在传统的地役权理论中获得解释。但是细细探究可以发现，发送区的开发额度的转移与开发区开发额度的接受，并不仅仅是当事人通过契约来完成的，更多地是由分区规划和土地利用规划形成的。而且在开发权转移的过程中，接受开发权的额度还要受到接受区可开发空间、生态环境以及当地民众的认同和接受等因素的制约；更重要的是土地开发权的权利本质在于在原有的使用权基础之上，拓展土地开发空间和容量，而这种拓展具有开发性利益。而地役权主要是用益物权的形式，保护具体两块土地相互利用关系中产生的利益。因此，两者在权利性质和权利基本内涵方面是不同的。

（二）土地开发权的新运行机制

其一，土地开发权来源于土地所有权，但和国家规划权与用途管制权等也具有直接的关联。开发权是通过土地用途管制或城乡规划等规制而凸显出来的一种财产权。这种财产权具有稀缺性和独立性以及可交易的特点。最关键的是，有了相应的土地开发权或者通过开发权交易，不仅有可能在开发利用的空间上实现增量开发权利，而且还有可能使土地所有权和使用权本身的价值具有增值空间。

其二，土地开发权是土地立体开发过程中空间分配和调控的一种权利，本质上受制于土地用途管制权和规划权，但其私权利的特点依然具有相对独立性。对由于受到规划限制而无法进行土地转性或无法进行高强度开发的地块，规制者要对权利人受损的利益进行补偿。这需要对这种规制的程度进行考量，如果规制的程度已经达到变相征收的地步，就应该由国家给予合理的补偿。如果规制的程度可以通过财产权的社会义务来进行论证，且这种规制所带来的损害可以通过开发权的交易来进行补偿，则权利人必须要遵守法律的规定，不得进行转性或高强度开发。因此，土地开发权的有无及多少，直接关系到土地使用收益的大小。在这个意义上它具有土地用益物权的一切特征，可以进行占有、使用、收益和处分。由于其可以使得权利人占有、使用、收益和处分空间更大，且事关重大，由此需要规划等公权力的介入，才有可能实现相关利益的平衡。

其三，土地开发权的独特客体—土地开发容量—在市场交易过程中有一定的特殊性。土地开发权的存在也是运用法律进行土地开发利益和资源进行有效分配的一种技术。无论是土地由农业用地转变为非农建设用地，还是土地开发强度的增加，都使得该地块开发空间和开发价值得到迅猛增长。因此，在这个意义上而言，土地开发权享有的程度，决定了土地所有权和使用权本身在什么层次上或在什么性质上进行利用，以此带来的增值利益空间也是不同的。土地开发权不能完全受制于市场，其还要受到规划、环境保护以及开发可承受能力等各方面的规制；但也不能完全受制于公权力，因为其要市场化交易才能体现其私权的性质。

（三）土地开发权的新权利功能

土地开发权在我国土地用益物权构造中具有独特制度功能。从土地所有权制度而言，在立法没有明确土地开发用益物权的背景下，土地所有人或使用权人实际上拥有了土地开发用益物权，并因此获得大部分土地增值收益，使得政府对其土地利用行为很难予以干预。对此，刘国臻教授研究指出，土地使用性质变更能产生巨大经济利益。国外土地开发权成为一项独立意义的财产权，要改变土地使用类别（开发土地），必须购买土地开发权。土地使用权出让金不是土地开发权的对价；征收农民集体土地的补偿费也不包括土地开发权的对价。房地产老板开发土地，应当向原土地所有权人支付土地开发权对价。[①] 与此同时，土地开发权制度的缺失，导致目前我国土地利用普遍存在不节约、不集约现象。从土地使用权的角度而言，我国目前没有创设土地开发权，从而使得土地开发权与土地使用权很大程度上混于一体，在法律上均以使用权概之。事实上，我国土地使用权内涵如此之笼统以致无所不包，已成为"准所有权"。这不利于土地开发权在经济上的实现，不利于土地集约与节约利用，不利于国有资产的保值增值。事实上，土地开发权与土地使用权具有天然关系，两者都是对土地进行利用的权利。区别在于土地使用权将权利人对土地的利用限定在不改变土地原有用途和集约度的范围内，一旦超出这一范围，则属于土地开发权的范畴。因此，土地开发权注重对于土地权利的动态调整；而土地使用权注重土地原有开发额度的使用。创设土地开发权，有利于土地开发权和土地使用权在土地利用中合理分工，理清产权关系，整合整个制度环境，提升制度绩效。

---

① 参见刘国臻：《房地产老板之暴富与土地发展权研究》，载《中山大学学报（社会科学版）》2007年第3期。

六、 土地开发权作为新型用益物权与现行法的衔接

土地开发权作为一种新型用益物权，其发挥作用的空间是有边界的，在解决问题上也不可能完全独立发挥作用，必须做好与其他产权制度的衔接，才能确立其法律地位，实现其制度价值或功用。如土地开发权与土地所有权相分离，并借助空间权和建设用地使用权进行权利的纵向分割，形成了地表、地上、地下三层或多层的权利单元，为土地的多元化立体开发利用提供制度保证。

（一）土地开发权的公私法意义之别

土地开发权在不同的法律关系当中具有不同的权利属性。根据土地开发权初始分配与再分配两个阶段所呈现的法律关系性质的不同，将私法意义的土地开发权主要界定在土地开发容量的"再分配"阶段；而在土地开

发容量"初始配置"阶段，政府的规划控制权则对土地开发容量进行"总量限制"，这在法律关系性质上表现为"规划意义上开发权"。有研究认为土地开发权"再分配阶段"主要任务是权利的赋权和流转，此阶段对土地开发容量的"再分配"是为了追求土地开发容量配置的效率性，使得能发挥土地开发容量资源效用的土地所有权或使用权人支配土地开发容量。而这种土地开发权再分配表现的权利属性才是"私法意义土地开发权"，而在土地开发权初始分配时，则表现为"规划意义上的公权力"。笔者重点研究的内容则是土地开发权再分配过程中呈现的"私法意义土地开发权"，主要从"私法意义上"来研究土地开发权的主体、客体和内容。

"私法意义土地开发权"主体表现为土地所有权人或使用权人。在我国土地所有权二元体制下，土地开发权主体也表现为二元主体的特征，城市土地开发权原则上应为国家所有；集体土地开发权应为集体和使用权人共享；以便更好地实现土地财产权增值收益向农村和农民倾斜以及赋予农民更多财产权利的政策目标。但要考虑地方政府在规划、基础设施等方面的投入，在合理分配土地开发权增值收益时以税收等形式反馈给地方政府，以便更好地对农村土地开发权进行持续性维护和管理。"私法意义土地开发权"的客体是土地开发容量。"私法意义土地开发权"法律关系内容主要是通过法律确认土地所有权人对增量土地开发容量的支配权益，保障土地开发自由可以在土地所有权或使用权人之间自由配置，也就是以权利的形式界定、分配和保护特定的土地开发空间利益。

（二）土地开发权作为新型用益物权与
物权法定原则

土地开发权作为新型用益物权，如何破解物权法定原则的制度障碍？我国立法没有直接规定土地开发权不等于土地开发权不具有实践形态。事实上，土地开发权制度思想一直在我国相关土地管制和城乡规划中发挥相应的作用。如（1）耕地占补平衡制度，当地方政府征收农地时，必须要找到一块相同面积的农地作为补充。而补充的耕地的法理基础就是补充地块的开发权转移到被征收地块之上，实现开发权转移；（2）农村宅基地置换所结余的土地指标，通过市场化拍卖，逐渐将所获得收益回归给农民和农民集体，尽管在推行过程中大多是以国有土地上的房屋产权体现的，但将越来越多的开发权利益交给农民则是置换的发展趋势；（3）重庆推行的地票制度，地票"作为建设用地进行开发的指标，很显然代表的就是土地开发权"，"明确了土地开发权归属于土地使用权人（农民）并允许交易"；（4）农业补贴来源的合法性问题。李凤章教授认为，2006年以来开展的农业补贴，正是"国家对于农民土地开发权的购买"，这些补贴大都直接补贴给农户即土地承包经营权人，而不是农民集体。①

尤其值得一提的是，党的十八届三中全会以来，就农村土地征收、集体经营性建设用地入市、宅基地制度改革作出的试点改革，逐步在有条件、有步骤地将农村集体建设用地的开发权赋予土地产权人。"允许集体出让经营性建设用地的使用权，本质上是赋予农民对这部分土地的开发权，虽然只是一个小口子，但制度方向一旦扭转，其后的路径变革就无法阻遏。可以说，中国土地改革已经揭开了第二幕，从第一季的使用权（承包

_____

① 参见李凤章：《土地开发权：保护模式与权利归属》，载《社会科学》2015年第4期。

权）出让到了第二季的开发权赋予。"① 而本次《土地管理法》修改的重心则是缩小征地范围，将更多的农村建设用地开发权赋予产权人的思路，则是总结和吸收了2014 年以来试点改革成果。

这些都说明土地开发权思想在我国具体的制度实践中存在一定的影响，并且正在以新型用益物权的形式，不断向事实物权形态靠拢。物权法定近年来出现缓和的趋势。我国学者大都偏向坚持在物权法定的前提下，对于物权法定采取一种宽松论解释，如龙卫球教授认为"物权法定原则宜采宽松论，以使其能够释放更多的规范实践和发展空间"。因此在这种背景下，尝试运用事实物权理论、物权法定解释宽松论，以便为土地开发权在我国物权法体系上获得合法性地位提供学理支持。

（三）土地开发权作为新型用益物权的制度
对接与生成路径

蔡立东教授认为在现行立法没有承认土地开发权的

---

① 龙卫球：《物权法定原则之辨：一种兼顾财产正义的自由论视角》，载《比较法研究》2010 年第 6 期。

背景下，土地开发利益可以借助《物权法》的规范体系予以合理分配。具体措施包括：其一，将土地开发利益类型化，划分为法定的土地开发利益与约定的土地开发利益；其二，法定的土地开发利益通过对不动产相邻关系的修正以及不动产征收补偿的解释融入《物权法》规制范畴，约定的土地开发利益则可以通过地役权制度得以完全实现。①

本书认为，这种思路尽管有一定可取之处，但是没有看到土地开发权作为新型用益物权的独特制度价值，其可以通过对土地所有权、使用权以及其他土地财产权进行分割和塑造。其实现行法上的相关规定已经突显土地开发权问题，只不过规定的过于机械和僵化，要结合土地开发权作为新型用益物权进行重新审视或修正。如耕地占补平衡制度、用途管制制度、建设用地出让权合同（《土地管理法》第 56 条）、土地性质变更与开发强度变更之规定（《城乡规划法》第 38 条）等内容。其本质上就是配置土地开发用益物权主要条款。因为这些地块有无土地开发权以及土地开发权数量的大小（如土地

---

① 参见姜楠、蔡立东：《土地发展利益的物权法调整模式》，载《河南财经政法大学学报》2015 年第 3 期。

开发权强度或容积率大小）直接决定着建筑总面积的大小，进而决定土地开发利益增值倍数的大小。但现行法中这些制度或规定管制思维过于浓厚，过于严格，无法充分调动土地产权人进行保护耕地或集约化利用土地开发空间的积极性。笔者认为，合理做法还是赋予土地财产权人应有土地开发权，以便让产权人按照市场规则理论来配置相应的开发利益，以便通过土地开发权激励，有效实现土地用途管制和分区规划的制度功能。

（四）土地开发权作为新型用益物权的具体应用

土地开发权作为新型用益物权的制度构造应围绕国土空间保护和主体功能区、生态保护、古建筑保护、耕地保护以及城市化建设用地集约化使用等开展，提供法权上的激励机制。

首先，党的十九大明确提出"构建国土空间开发保护制度，完善主体功能区配套政策"，为其运用指明了方向。这标志着我国国土空间开发从区域到国土空间，从工业化、城镇化主导到生态文明建设主导，从开发优先到开发保护并重，从经济行政主导规制到法律主导规制的重大转变。在此过程中，按照生态保护的要求，将国土空间用途按照优先开发区、重点开发区、限制开发区和禁止开发区等四个类型主体功能区进行划分，但是对于限制和禁止开发区的土地进行补偿，除了有效发挥国家财政转移支付，即国家的财政补贴或以实际耕地使用人，或以实际保护耕地的限制和禁止开发区县级政府为对象，使保护耕地者普遍性地获得经济上的补助和激励。但土地开发权制度通过将开发权转移到优先开发区或重点开发区，转移开发权人将获得直接补偿，尽管受益面相对有限，土地开发权转移一般能够获得较大份额的一次性补偿，其能激励转移开发权地方的土地财产权真正将土地用作原有用途。因此，土地开发权制度在补偿具体土地财产人方面具有重大制度价值和功能。在这个意义上而言，土地开发权制度和财政转移支付制度两者在均衡利益方面是功能互补的。因此，土地开发权制度在构建国土空间开发保护和主体功能区建设方面有着广泛的应用空间。

其次，土地开发权制度对于敏感地带开发、古迹建筑保护、耕地保护等方面也发挥着巨大优势。如在城市绿地建设、公园建设、古迹建筑保护等制度建设方面，禁止土地财产权人开发，但可以将相应的土地开发权转移出去，以便使得产权人因规划所造成巨大损失获得补偿。在耕地保护方面，土地开发权制度具有非常广泛的应用空间。我国在城市化过程中，由于城市建设用地和农村建设用地集约化使用率总体上不高，导致城市和农村建设用地挤占很多农用地，造成耕地保护整体效果不佳。尽管我国出台世界上最严厉的耕地保护制度，但是由于对土地产权人补偿和激励措施不够，导致耕地保护措施不力。对此，域外很多国家或地区如法国、我国台湾地区都面临耕地保护难题，最终选择运用土地开发权制度来推进耕地保护的效果日益显著。这些国家或地区运用土地开发权制度不仅有力促进了耕地的保护，而且也促进了城市建设用地的集约化利用。在这方面可以给予我们很多有益启示。

结　　论

土地开发权作为一种新型用益物权呼之欲出。这种权利配置是对我国土地权利体系的一种变革和更新。其来源于土地所有权，在很多情况下与原有的使用权权利体系存在交叉和重叠关系，导致我国原有的使用权出让合同和城乡规划制度等存在僵化和机械问题，更为重要的是其使我国集约利用土地得制度目标在实践中大打折扣，城乡规划的合法性无法得到产权人的有效认同，产权人无法充分获得其不动产利益。这些问题某种意义上而言，与我们没有承认土地开发权作为一种私法上的新型用益物权有很大关系。将土地开发权与土地规划等公权力冗杂在一起，并借用规划权实施开发权转移和获取财产利益。而在私法层面，将土地开发权与土地使用权冗杂在一起，通过严格而死板的土地出让合同来实现土地开发权的价值，导致非农建设用地无法充分集约化利用和原有土地产权人利益的无法充分保障。而破解之道则在于：通过私法，尤其是物权法，赋予其相对独立的制度内涵，探寻其物权法生成路径，推动其茁壮成长。在此基础上为科学化构造我国土地权利体系和物权法体系，为民法典编纂打下坚实学理基础。

参考文献

高富平：《土地法学》，高等教育出版社 2016 年版，第 16 页。

北京大学国家发展研究综合课题组编：《还权赋能：奠定长期发展的可靠基础——成都城乡统筹综合改革经验的调查研究》北京大学出版社 2010 年版。

谭明智：《严控与激励并存：土地增减挂钩的政策脉络基地方实施》，《中国社会科学》2014 年第 7 期。

陈晓芳：《用途管制下的土地指标交易法律构造》，《北京大学学报》（哲学社会科学）2016 年第 3 期。

孙建伟：《城乡建设用地置换中的"自愿"原则及其悖论》，《苏州大学学报（哲学社会科学版）》2013 年第 6 期。

万江：《土地用途管制下的开发权交易——基于指标流转实践的分析》，《现代法学》2012 年第 5 期。

郑振源：《"Development Rights"是开发权还是发展权?》，《中国土地科学》2005 年第 4 期。

李凤章：《土地开发权：保护模式和权权利归属》，《社会科学》2015 年第 4 期。

张先贵：《中国法语境下土地开发权理论之展开》，《东方法学》2015 年第 6 期，第 21 页。

陈伯峰：《土地发展权的理论基础与制度前景》，《法学研究》2012 年第 4 期。

程雪阳：《土地发展权与土地增值收益的分配》《法学研究》2015 年第 5 期。

金俭、张先贵：《财产权准征收的判定基准》，《比较法研究》2014 年第 2 期。

张鹏：《规划管制与土地发展权关系研究述评》，《中国土地科学》2010 年第 10 期。

李沂：《美国土地利用控制判例研究》清华大学 2007 年工学硕士学位论文，第 19 页。

李恒：《美国区划发展历史研究》清华大学 2007 年工学硕士学位论文。

林永新：《国外利用开发权转移方法进行老城历史保护的做

法》，《城市规划通讯》2005 年第 5 期。

孙建伟：《论宅基地"长期使用"权》，《暨南学报》（哲学社会科学版）2016 年第 3 期。

彭诚信：《私人所有权的保护与"民法典编纂"》，载《战略与管理6：产权保护》，台海出版社 2017 年版。

王卫国、朱庆育：《宅基地如何进入市场？——以画家村房屋买卖案为切入点》，《政法论坛》2014 年第 3 期。

黄泷一：《美国可转让土地开发权的历史发展及相关法律问题》，《环球法律评论》2013 年第 1 期。

沙文韬：《中国土地开发权制度研究》，华东政法大学经济法专业 2008 年博士论文。

吴胜利：《土地规划权与土地财产权关系研究》，西南政法大学 2015 年环境与自然资源保护法学专业博士学位答辩论文。

杜荃深、罗平：《论基于物权路径引入发展权之不可行性》，《中国土地科学》2015 年第 4 期。

张翔：《财产权的社会义务》，《中国社会科学》2012 年第 9 期。

彭诚信、钟建华：《海域的民法界定及其权利归属》，《社会科学战线》2011 年第 9 期。

张先贵：《土地开发权的用益物权属性论》，《现代经济探讨》

2015 年第 8 期。

刘国臻：《论我国土地发展权的法律性质》，《法学杂志》2011 年第 3 期。

张先贵：《中国法语境下土地开发权归属及类型的法理研判》，《烟台大学学报》（哲学社会科学版）2016 年第 1 期。

马俊驹、王彦：《解决小产权房问题的理论冲突和法律路径——结合集体经营性建设用地平等入市进行研究》，《法商研究》2014 年第 2 期。

党国英、吴文媛：《土地规划管理改革：权利调整与法治构建》《法学研究》2014 年第 5 期。

向勇：《城乡建设用地增减挂钩中宅基地的定向流转》，《法治研究》2012 年第 9 期。

何缨：《宅基地换房模式的法律思考》，《山东社会科学》2010 年第 1 期。

张先贵：《土地开发权与土地发展权的区分及其法律意义》，《内蒙古社会科学（汉文版）》，2015 年第 4 期。

汪莉、尤佳：《土地整治中宅基地的退出激励机制——以安徽省为例》，《政法论坛》2015 年第 4 期。

顾长浩、李萍：《城镇化进程中集体土地开发利用若干法律问题分析》，《东方法学》2014 年第 5 期。

黄祖辉、汪晖：《非公共利益性质的征地行为与土地发展权补偿》，《经济研究》2002 年第 5 期。

苏志超：《土地发展权于建筑容积"权"之比较及产权化与法制化之讨论》，《人文杂志》1999 年总第 186 期。

Notes，"The Unconstitutionality of Transferable Development Rights"，84 Yale G. J.（1975）.

梁慧星：《中国物权法研究》，法律出版社 1996 年版。

陈明灿：《财产权保障、土地使用限制与损失补偿》，台湾翰芦图书出版有限公司 2001 年版。

John J. Delaney etal. TDR Redux：A Second Generation of Practical Legal Concerns，15 Urb. Law.（1983）.

孙弘：《中国土地发展权研究：土地开发与资源保护的新视角》，中国人民大学出版社 2004 年版。

李冷烨：《城市规划法的产生及其机制研究——以德国和美国为中心的标志性考察》，上海交通大学凯原法学院 2011 年博士论文。

方涧、沈开举：《美国城市土地区划中的美学规范及其对中国的启示》，《郑州大学学报（哲学社会科学版）》2017 年第 4 期。

贺欢欢、张衔春：《土地产权视角下的城乡规划改进思考》，《城市规划》2014 年第 2 期。

宋劲松、刘洋：《土地开发权：城市规划的法理基础》，《规划 50 年——2006 年中国城市规划年会论文集：城市土地开发利用》。

李凤章：《从公私合一到公私分离—论集体土地所有权的使用权化》，《环球法律评论》2015 年第 3 期。

周其仁：《中国农村改革：国家与土地所有权关系的变化——一个经济制度变迁史的回顾》，《管理世界》1995 年第 3 期。

周其仁：《产权与制度变迁——中国改革的经验研究》，北京大学出版社，2004 年版。

何明俊：《建立现代产权基础之上的城市规划》，《城市规划》2005 年第 5 期。

吴胜利：《财产权形成中的公权力规制研究》，《学习与探索》2017 年第 11 期。

彭锃：《土地发展权与土地增值收益分配——中国问题与英国经验》，《中外法学》2016 年第 6 期。

周剑云、戚冬瑾：《城乡规划与开发权及开发活动的关系》，《城乡规划》2006 年第 12 期。

洪霞、郭磊《美国土地开发权转让政策浅析——以华盛顿州金县为例》，《持续发展 理性规划——2017 中国城市规划年会论文集（14 规划实施与管理）》（2017 年）。

彭诚信：《现代权利理论研究》，法律出版社 2017 年版。

孙建伟：《建设用地置换视域下土地发展权的法理基础与制

度构造》，《暨南学报》（哲社版）2017 年第 12 期。

方新军：《权利客体的概念及层次》，《法学研究》2010 年第 2 期。

刘国臻：《论土地发展权在我国土地权利体系中的法律地位》，《学术研究》2011 年第 4 期。

肖军：《论城市规划法上的空中空间利用制度》，《法学家》2015 年第 5 期。

祝洪章：《土地发展权交易与粮食生产利益补偿机制》，《学术交流》2016 年第 6 期。

刘爽、赵华甫等：《浅析调整容积率补缴土地出让金政策的实施》，《中国土地》2018 年第 6 期。

刘国臻：《房地产老板之暴富与土地发展权研究》，《中山大学学报（哲社版）》2007 年第 3 期。

李凤章：《开发权是农民土地权利建设的核心》，《社会科学报》2014 年 7 月 24 日。

孙建伟：《土地开发权应作为一项独立的财产权》，《东方法学》2018 年第 5 期。

姜楠、蔡立东：《土地发展利益的物权法调整模式》，《河南财经政法大学学报》2015 年第 3 期。

张先贵：《中国语境下土地发展权内容之法理释明——立足于"新型权利"背景下的深思》，《法律科学》2019 年第 1 期。

刘俊、杨惠等：《地票的制度基础与法律性质》，法律出版社2012年版。

王利明：《空间权：一种新型的财产权利》，《法律科学》2007年第2期。

梁慧星、陈华彬：《物权法》，法律出版社2016年版。

谢在全：《民法物权论》（中册），中国政法大学出版社2011年版。

Thomas L. Daniels. The Purchase of Development Rights: Preservation Agriculture Land and Open Space, J. Am. Plan. Assn'430n. I (1991).

梁慧星、陈华彬：《物权法》，法律出版社2016年版。

丁日成：《美国土地开发权转让制度及其对中国耕地保护的启示》，《中国土地科学》2008年第3期。

刘明明：《英美土地开发权制度比较研究及借鉴》，《河北法学》2009年第2期。

彭錞：《土地发展权与土地增值收益分配：中国问题与英国经验》，《中外法学》2016年第6期。

李凤章：《"土地开发权国有"之辩误》，《东方法学》2018年第5期。

梁慧星、陈华彬：《物权法》，法律出版社2016年版。

程烨等著：《土地用途分区管制研究》，地质出版社2003

年版。

温丰文：《土地法》，洪记印刷有限公司 2015 年版。

付坚强：《土地空间权制度研究》，东南大学出版社 2014 年版。

龙卫球：《物权法定原则之辨：一种兼顾财产正义的自由论视角》，《比较法研究》2010 年第 6 期。

唐薇：《建设用地指标交易的制度局限及法制应对——基于成渝建设用地指标交易实践视角》，载《农村经济》2019 年第 1 期。

李新仓，阎其华：《土地开发权转移框架下我国建设用地指标行政配置的法律规制》，载《广东社会科学》2018 年第 5 期。

折晓叶：《土地产权的动态建构机制——一个"追索权"分析视角》，《社会学研究》2018 年第 3 期。

张先贵：《农地开发许可权市场化改革的法理逻辑——兼论私法的方式如何实现土地管理的目标》，《暨南学报（哲学社会科学版）》2018 年第 4 期。

孙建伟：《城乡建设用地置换中土地指标法律问题研究》，《法学评论》2018 年第 1 期。

张鹏，高波：《土地准征收与补偿：土地发展权视角》，《南京农业大学学报（社会科学版）》2015 年第 2 期。

谢哲胜主编：《国土计划》，元照出版公司 2016 年版。

高富平:《物权法原论》,法律出版社 2014 年版。

方涧、沈开举:《土地发展权的法律属性与本土化权利构造》,《学习与实践》2019 年第 1 期。

王者洁:《空间地上权:一项新型用益物权的生成》,《东北师大学报(哲学社会科学版)》2018 年第 6 期。

郭洁:《土地用途管制模式的立法转变》,《法学研究》2013 年第 2 期。

孙建伟:《宅基地"三权分置"中资格权、使用权定性辨析——兼与席志国副教授商榷》,载《政治与法律》2019 年第 1 期。

韩松:《论农民集体土地所有权的管理权能》,载《中国法学》2016 年第 2 期。

刘探宙,杨德才:《农村三项土地制度改革的推进模式与叠加效应研究——基于泸县的实证研究》,载《农村经济》2018 年第 8 期。

图书在版编目（CIP）数据

乡村振兴与宅基地三权分置法律问题研究:以土地开发权为视角 /孙建伟著.
—上海:上海三联书店,2023.

ISBN 978 - 7 - 5426 - 8299 - 4

Ⅰ.①乡⋯ Ⅱ.①孙⋯ Ⅲ.①农村—住宅建设—土地
管理法—研究—中国 Ⅳ.①D922.324

中国国家版本馆 CIP 数据核字(2023)第 225284 号

乡村振兴与宅基地三权分置法律问题研究
——以土地开发权为视角

著　　者　孙建伟

责任编辑　钱震华

装帧设计　陈益平

出版发行　上海三联书店
　　　　　中国上海市威海路 755 号

印　　刷　上海新文印刷厂有限公司

版　　次　2024 年 1 月第 1 版
印　　次　2024 年 1 月第 1 次印刷
开　　本　700×1000 1/16
字　　数　138 千字
印　　张　18.25
书　　号　ISBN 978 - 7 - 5426 - 8299 - 4 /D · 608
定　　价　88.00 元